소백산이 품어 안은,

영주 금계 황준량 종가

기획 경상북도 · 경북대학교 영남문화연구원 | **지은이** 정석태

경북의 종가문화 연구진

연구책임자	정우락(경북대 국어국문학과)
공동연구원	황위주(경북대 한문학과)
	조재모(경북대 건축학부)
종가선정위원장	황위주(경북대 한문학과)
종가선정위원	이수환(영남대 역사학과)
	홍원식(계명대 철학윤리학과)
	정명섭(경북대 건축학부)
	배영동(안동대 민속학과)
	이세동(경북대 중어중문학과)
종가연구팀	김위경(영남문화연구원 연구원)
	이상민(영남문화연구원 연구원)
	이재현(영남문화연구원 연구원)
	최은주(영남문화연구원 연구원)
	황명환(영남문화연구원 연구보조원)
	전설련(영남문화연구원 연구보조원)

축 · 간 · 사

경상북도에서 『**경북의 종가문화**』 **시리즈** 발간사업을 시작한 지 벌써 9년째가 되었습니다. 본 사업은 더 늦기 전에 지역의 종가문화를 기록으로 남겨 후세에 전해야 한다는 절박함에서 비롯되었고, 그간 많은 분들의 노고에 힘입어 어느새 51권의 책자가 발간되었습니다. 이러한 결실이 우리 지역을 알리는 문화자산으로 자리 잡아 가고 있어 300만 도민의 한 사람으로서 무척 보람되게 생각합니다.

경북은 한국 전통문화를 집적해 온 중심으로, 앞으로의 미래 정신문화를 선도할 정점에 자리 잡고 있습니다. 특히 옛것의 가치를 소중히 하는 전통문화의 중심에는 경북의 종가宗家가 있습니다. 우리 도에는 240여 개소에 달하는 종가가 고유의 문화를 온전히 지켜 오고 있어 우리나라 종가문화의 보고寶庫라고 해도 과언이 아닙니다.

하지만 최근 산업화와 종손·종부의 고령화 등으로 인해 종가문화는 급격히 훼손·소멸되고 있는 실정입니다. 이에 경상북도에서는 종가문화를 보존·활용하고 발전적으로 계승하기 위해 2009년부터 **'종가문화 명품화 사업'**을 추진해 오고 있습니다. 체계적인 학술조사 및 연구를 통해 관련 인프라를 구축하고, 명품 브랜드화하는 등 향후 발전 가능성을 모색하기 위해 다방면으로 노력하고 있습니다.

경북대학교 영남문화연구원을 통해 2010년부터 추진하고 있는 『경북의 종가문화』 시리즈 발간도 이러한 사업의 일환입니다. 도내 종가를 대상으로 현재까지 『경북의 종가문화』 시리즈 51권을 발간하였으며, 결과물은 관계 문중은 물론 일반인들로부터 큰 호응을 얻고 있습니다. 이들 시리즈는 종가의 입지조건과 형성과정, 역사, 종가의 의례 및 생활문화, 건축문화, 종손과 종부의 일상과 가풍의 전승 등을 토대로 하여 일반인들이 쉽고 재미있게 읽을 수 있는 교양서 형태의 책자 및 영상물(DVD)로 제작되었습니다. 철저한 현장조사를 바탕으로 하여 관련 분야 전문가들이 집필함으로써 알차게 내용을 꾸미는 한편, 개별 종가의 특징을 부각시키고자 노력하였습니다.

이러한 노력으로, 금년에는 『**영주 금계 황준량 종가**』, 『**안동 간재 이덕홍 종가**』, 『**상주 검간 조정 종가**』, 『**영덕 난고 남경훈 종가**』, 『**구미 용와 류승현 종가**』 등 5곳의 종가를 대상으로 시리즈 5권을 발간하게 되었습니다. 비록 시간과 예산상의 제약으로 말미암아 몇몇 종가에 한정하여 진행하고 있으나, 앞으로 도내 100개 종가를 목표로 연차 추진해 나갈 계획입니다. 이러한 시도는 종가 관련 자료의 기록화를 통해 종가문화 보존 및 활용을 위한 기초자료를 제공함은 물론, 일반인들에게 우리 전통문화의 소중함과 우수성을 알리는 데 크게 도움이 될 것으로 확신합니다.

한국의 종가는 수백 년에 걸쳐 지역 사회의 구심점이자 한국 전통문화의 상징으로서 역할을 묵묵히 수행해 왔습니다. 최근 유교적 가치와 문화에 대한 재조명이 활발히 이루어지고 있으며, 그 바탕에는 급격한 사회의 변화 속에서도 굳건하게 전통문화를 지켜 온 종문宗門의 숨은 저력이 있습니다. 이러한 전통을 이어받아 오늘날 경북의 정체성 확립은 물론, 미래지향적인 새로운 정신을 찾아 세계적인 정신문화로의 발전을 기대해 봅니다.

앞으로 경상북도에서는 종가문화에 대한 지속적인 조사·연구 추진과 더불어, 종가의 보존관리 및 활용방안을 모색하는 데 적극 노력해 나갈 것을 약속드립니다. 이를 통해 전통문화를 소중히 지켜 오신 종손·종부님들의 자긍심을 고취시키고, 나아가 전국의 종가를 연계하는 종가문화 네트워크 구축과 더불어 종가문화를 세계적인 명품 브랜드로 육성해 나갈 계획입니다.

끝으로 이 사업을 위해 애쓰신 정우락 경북대학교 영남문화연구원장님과 여러 연구원 여러분, 그리고 집필자 분들의 노고에 진심으로 감사드립니다. 아울러, 각별한 관심을 갖고 적극적으로 협조해 주신 종손·종부님께도 감사의 말씀을 드립니다.

2018년 11월

경상북도지사 이 철 우

지·은·이·의 말

오래전 퇴계 관련 자료를 조사하던 중, 금계가 자신의 스승 퇴계에게 올린 영결永訣의 편지를 접하고 깊은 인상을 받은 적이 있다. 그 편지는 성주목사로 재직하던 중 병이 나서 고향 풍기로 돌아가던 금계가 임종 하루 전 예천 객사에서 오른손이 마비되었던 까닭에, 곁을 지키고 있던 자신의 처조카사위 류중엄柳仲淹에게 대신 쓰게 해서 올린 것이었다. 퇴계가 용궁 쪽에서 금계의 행차를 뒤쫓다가 봄장마로 길이 막혀 만나지 못한 채 할 수 없이 집으로 돌아가면서 편지를 보내자, 금계는 퇴계의 그 편지에 답장을 해서 스승 퇴계와 영결한 것이었다. 이 편지를 읽은 뒤로 스승 퇴계와 제자 금계의 사이가 과연 어떠하였기에, 또 금계가 과연 어떤 인물이었기에 퇴계와 이와 같은 편지를 주고받을 수 있었는지 꼭 알아보리라 생각하였다.

고향 풍기로 향하던 금계의 행차가 이동하던 지역, 그리고 퇴계가 그 뒤를 쫓던 지역인 예천과 용궁 일원은 바로 내 고향이 있는 곳이다. 지금은 그 지역이 모두 예천군에 소속되어 있지만, 조선시대 예천과 용궁은 별개의 고을이었다. 조선시대 용궁현은 지금의 예천군 용궁면만이 아니라 개포면, 풍양면, 지보면 일원의 넓은 지역을 관장하던 하나의 엄연한 고을이었다. 그래서 나는 고향을 말할 때 예천이라고 하기보다는 용궁이라고 하는 것을 더 좋아한다. 내 고향이라서 특히 더 그랬는지, 나는 이동하던 금계의 행차와 그 뒤를 쫓는 퇴계, 금계와 퇴계의 당시 행적을 추적하면서 고향과 관련한 여러 기억을 떠올리며 마냥 행복했다.

경북대학교 영남문화연구원에서 이 책의 집필을 의뢰해 왔을 때, 주저하면서도 수락한 것은 무엇보다 이번 기회에 금계를 제대로 공부해 보기 위해서였다. 퇴계학파 형성 초기의 금계의 역할과 그 위상은 내게 늘 풀어야 할 과제로 남아 있었기 때문이다. 다음으로 금계 종가를 공부하면서, 내 고향을 포함한 영남의 종가가 처한 현실에 대한 생각을 정리해 보고 싶었다. 이제는 대다수 사람들의 삶이 도시화된 상황에서 삶의 주변부에 놓여 있는 농촌 동족부락과 그에 기반을 둔 종가의 미래가 늘 걱정스러운 문제였다. 주어진 1년의 집필 기간 동안 이 두 가지 문제에 대해 만족스러운 답을 얻었다고 할 수는 없다. 다만 지금 이 책에 담은 내용이 금계를 알고, 또 금계종가, 나아가 영남의 종가의 과거와 현재를 이해하고, 미래를 전망하는 데 다소간 도움이 되었으면 하는 바람이다.

이 책을 집필하면서 많은 분들의 도움을 받았다. 먼저 이 책을 집필하도록 권유하고 격려해 준 경북대학교 영남문화연구원 정우락 원장님에게 감사드린다. 아울러 각종 관련 자료와 인터뷰 자료, 그리고 사진 자료를 알뜰히 챙겨 주고 또 거친 원고를 꼼꼼하게 검토해 준 경북대학교 영남문화연구원 종가팀에게 고마운 마음을 전한다. 끝으로 집필 과정에 기존의 번역서와 연구 성과에서 많은 도움을 받았지만, 대중서로서의 집필 방침상 일일이 주석을 달지 못한 채 책 뒤에 참고문헌으로만 일괄 제시하였다. 선행 연구자들에게 깊이 감사드리며 이 점 너그러이 양해해 주시기를 바란다.

2018년 11월

정석태鄭錫胎

영주 금계 황준량 종가

목 차

제1장

금선계곡 어귀에 터 잡은 사연

인간사의 길흉화복은 언제나 끊임없이 돌고 돌기 마련이다. 길하고 복된 일이 있다가도 그것이 어느새 흉하고 화가 되는 일이 너무도 흔하다. 그래서 인간만사 새옹지마塞翁之馬라는 말이 나오게 된 것이다. 한漢나라 유안劉安이 저술한 『회남자淮南子』에는 이와 관련하여 다음과 같은 이야기가 실려 있다.

중국 변방에 한 노인이 살고 있었다. 어느 날 노인이 기르던 말이 국경을 넘어 오랑캐 땅으로 달아나서 사람들이 위로의 말을 전하자, 노인은 이 일이 복이 될지 어찌 아느냐며 태연자약하였다. 그로부터 몇 달 뒤 달아났던 말이 암말과 함께 돌아오자, 사람들이 노인이 말씀한 그대로 복이 되었다고 축하하였다. 그러나 노인은 이 일이 화가 될지 어찌 아느냐며 기쁜 내색을 하지 않았다. 며칠 뒤 노인의 아들이 그 말을 타다가 낙마하여 그만 다리가 부러졌다. 사람들이 다시 위로하자, 노인은 또 이 일이 복이 될지 어찌 아느냐고 하였다. 그로부터 얼마 지나지 않아 북방 오랑캐가 침입하여 나라에서 군사를 징집하자 젊은이들이 모두 전장에 나가야 되었지만, 노인의 아들은 다리가 부러져서 전장에 나가지 않아도 되었다고 한다.

금계종가는 원래 경상북도 영주시 풍기읍 서부리 풍기역 근처에 있었다고 한다. 그러나 1950년 한국전쟁 당시 풍기읍에서 시가전이 벌어지자, 큰집은 인민군지휘소가 될 가능성이 커서 미군기의 폭격으로 불타 버렸다. 종가를 잃은 종손은 그 뒤 금양정사錦陽精舍를 임시로 종가로 쓰다가 최근에 금양정사에서 조금 내

금계종가 사당

려온 금선계곡錦仙溪谷 어귀에 현재의 종가를 지어서 거주하게 되었다고 한다. 그간에 금계종가가 화를 당한 끝에 많은 어려움을 겪었을 것임은 미루어 짐작해 볼 수 있다.

요사이 종가와 서원 등 고가古家들은 나라에서 특별히 관리하거나 자손이 직접 거주하면서 관리하지 않으면 대부분 버려져 흉가가 되어 버린다. 이와 같은 현실에서 금계종가는 그 선조 금계錦溪 황준량黃俊良(1517–1563)이 일찍이 정사를 짓고 물러나 지내고 싶어 했던 장선長善(장생이)의 길지 금선계곡 어귀에 터 잡고 금선계곡 전부와 선조 금계의 유적지 금양정사錦陽精舍, 금선대錦仙臺, 금선정錦仙亭 등을 잘 수호하게 되었으니, 화가 도리어 복이 된 것이 아니겠는가. 화가 복이 되어 도리어 선조 금계의 유지를 잘 받들게 된 것이 아니겠는가.

금선계곡 어귀에
터 잡은 사연

1 평해에서 영주로 이주하다

우리나라에 거주하는 황씨黃氏는 평해平海, 장수長水, 창원昌原의 3대 본관이 대부분을 차지한다. 이 외에 크지 않은 여러 본관들이 있지만 이들은 모두 평해, 장수, 창원의 3대 본관에서 갈려 나온 것으로 알려져 있다. 이 3대 본관은 모두 황락黃洛을 도시조都始祖로 하고 있다. 황락은 한漢나라 광무제光武帝 때 교지국交指國으로 사신을 가다가 풍랑을 만나 신라 평해에 정착하게 되고, 갑고甲古, 을고乙古, 병고丙古의 아들 삼형제를 두었는데, 이들이 각각 기성군箕城君, 장수군長水君, 창원백昌原伯에 봉해져서 각각 본관을 평해, 장수, 창원으로 하였다.

기성은 평해의 별칭이다. 평해는 지금은 경상북도 울진군 평해읍

이 되었지만, 조선시대까지는 강원도 평해부로 동해안의 큰 고을이었다. 황갑고 이후의 평해황씨 세계世系는 실전되어 알 수 없다. 조선 중기 대동보를 발간하면서 후손들이 발의하여 고려조에서 금오장군 태자검교를 지낸 황온인黃溫仁을 1세로 하여 시조로 삼았다. 2세 황우정黃佑精은 군기소윤을 지냈고, 3세 황유중黃裕中은 문하시중에 올랐다. 황유중은 슬하에 아들 3형제를 두었는데, 첫째 검교공檢校公 황진黃璡은 검교공파檢校公派, 둘째 평리공評理公 황서黃瑞는 문절공파文節公派, 셋째 대광공大匡公 황용黃墉은 충경공파忠敬公派의 파조가 되었다.

평해황씨 검교공파 중 평해에서 영주로 처음 이주한 사람은 검교공파 파조인 황진의 장손자 6세 황원로黃原老(1270–1351)이다. 그는 고려조에서 문과에 급제한 후 사록참군과 영해부사를 지내고, 후일 좌부승지에 증직되었다. 족보에는 "공은 평해에서 영주군 남쪽 초곡으로 이주하였다[公自平海, 移居榮州郡南草谷]."라고 기록하여 처음 영주로 이주한 사람이 황원로라고 하였다. 초곡은 지금의 경상북도 영주시 조암동 푸실마을을 말한다. 배위 구성군부인龜城君夫人 예안우씨禮安禹氏는 급제 우평禹評의 따님이다.

황원로의 넷째 아들 황근黃瑾(1302–1389)은 사예 겸 예문관직제학·지제고를 지냈다. 공민왕 때 우헌납으로 정언 김속명金續命(?–1386)과 함께 당시 지진이 일어난 것은 후궁과의 관계를 엄격하게 하지 못해 발생했다는 상소를 올렸다가 임금의 노여움을 사 옥천군수로 좌천되었고, 나중에 조정으로 돌아와 보문각제학을 지냈다. 후일 자헌대부 한성좌윤에 증직되었다. 배위 순흥안씨順興安氏는 「관동별곡」과 「죽계별곡」의 작자 근재謹齋 안축安軸(1282-1348)의 따님이다.

황근의 셋째 아들 황유정黃有定(1343-?)은 고려조에서 문과에 급제한 후 예조·공조·형조의 전서를 거치고, 조선에 들어와서는 공조·형조·예조의 판서를 지냈다. 그 후로도 내직과 외직을 두루 거친 다음, 늙어서 병들었다는 이유로 낙향하여 영주 구성 아래 자택에 소쇄헌瀟灑軒이란 현판을 걸어 두고 은거하였다. 이곳이 바로 지금의 경상북도 영주시 가흥동 구학공원에 복원한 삼판서고택三判書古宅이다. 평생토록 글 읽기를 좋아해 손에서 책을 놓은 적이 없었고, 특히 『논어』를 애독하여 미균米囷이라고 자호하였다. 배위 봉화정씨는 고려 공민왕 때 형부상서를 지낸 염의廉義 정운경鄭云敬(1305-1366)의 따님이고, 조선 개국공신 삼봉三峯 정도전鄭道傳(1342-1398)의 누이이다.

삼판서고택은 원래 염의 정운경의 소유였는데 그 사위 황유정에게 물려주었고, 황유정이 다시 그 외손자 무송헌撫松軒 김담金淡(1416-1464)에게 물려주었다. 그 주인인 염의 정운경이 형부상서를 지냈고, 미균 황유정이 공조판서 등을 지냈으며, 무송헌 김담이 이조판서를 지냈기 때문에 삼판서고택이라고 한 것이다. 이 삼판서고택과 관련해서, 퇴계退溪 이황李滉(1501-1570)의 금계 행장과 두암斗菴 김약련金若鍊(1730-1802)의 「판서유정제단비기사判書有定祭壇碑記事」 등에서는 6세 황원로가 아닌 그 손자 8세 황유정이 평해에서 영주로 처음 이주했다고 하였다. 일정한 근거를 가진 두 주장이 이렇게 엇갈리는 것을 볼 때, 평해황씨 검교공파는 6세 황원로부터 8세 황유정 사이 어느 때에 평해에서 영주로 처음 이주한 것으로 추정된다.

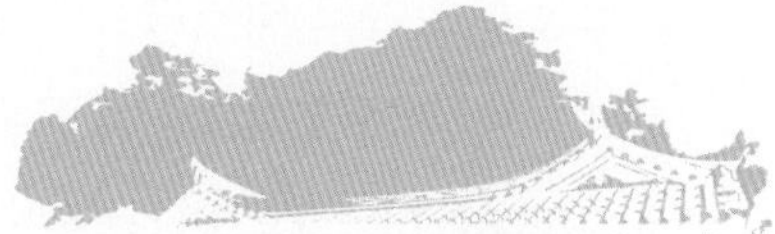

금선계곡 어귀에
터 잡은 사연

2 풍기로 이주해서 살다가 금선계곡 어귀에 터 잡은 사연

평해황씨 검교공파는 6세 황원로에서 8세 황유정 사이 어느 시점에 영주에 정착했다가 다시 풍기로 그 거주지를 옮기게 되었다. 지금은 풍기가 영주시 풍기읍으로 영주시 행정구역 내에 있어서 전혀 이상할 것이 없지만, 고려시대에서 조선시대까지만 해도 영주와 풍기는 영천군榮川郡(榮州郡)과 풍기군豐基郡으로 엄연히 다른 두 지역이었다. 더구나 풍기군은 고려조의 순흥부가 조선조에 들어와 순흥도호부로 되었다가, 단종 복위사건에 금성대군錦城大君과 순흥부사 이보흠李甫欽이 관련되면서 순흥부가 폐지되고 생긴 고을이다.

평해황씨 검교공파 족보에 따르면, 처음 풍기와 인연을 맺은 사람은 8세 황유정의 셋째 아들 황연黃綖(1380~1461)이라고 한다. 9세 황연이 영주에서 풍기로 이주해서 처음 살기 시작했다고 하고, 그 묘소는 영천군 반곡蟠谷(서릿골), 지금의 경상북도 영주시 문정동에 있다고 하였다. 그 아들 황말손黃末孫의 묘소도 반곡에 있다고 한 것으로 보아, 황연은 순흥훈도를 지낸 것을 계기로 영주에서 풍기로 처음 이주한 것으로 짐작되지만, 풍기에 완전하게 정착한 것은 아닌 듯하다. 황말손의 아들 황효동黃孝仝의 묘소는 풍기군 동쪽 석현石峴, 지금의 경상북도 영주시 풍기읍 교촌리에 있고, 그 이후 자손들의 묘소도 모두 풍기에 있다. 이로 보아 평해황씨 검교공파의 영주에서 풍기로의 이주는 9세 황연에서 시작되었지만, 10세 황말손 대까지는 영주와 풍기를 왕래하며 지냈고, 11세 황효동 대에 가서 확실하게 터전을 마련하여, 이후 13세 금계 황준량이 집안을 크게 일으킴으로써 후손들이 대대로 풍기에 정착해서 살았던 것으로 짐작된다.

금계가 태어나고, 또 그 후손들이 세거하던 종가는 현재 남아 있지 않다. 지금의 금계종가는 옛날 세거하던 종가가 아니다. 1950년 한국전쟁 때 미군기의 폭격으로 불타 버린 이후 금양정사를 종가로 임시 사용하다가, 1977년 금양정사에서 조금 내려온 금선계곡 어귀에다 새로 터를 잡아서 지은 것이다. 당시 형편상 건물은 현대식으로 지을 수밖에 없었기 때문에 그 건물에 대해서는 따로 말할 것이 없을 듯하다. 그러나 종가를 금선계곡 어귀에다 터를 잡아 짓게 되면서, 지금은 도리어 그 종가가 금양정

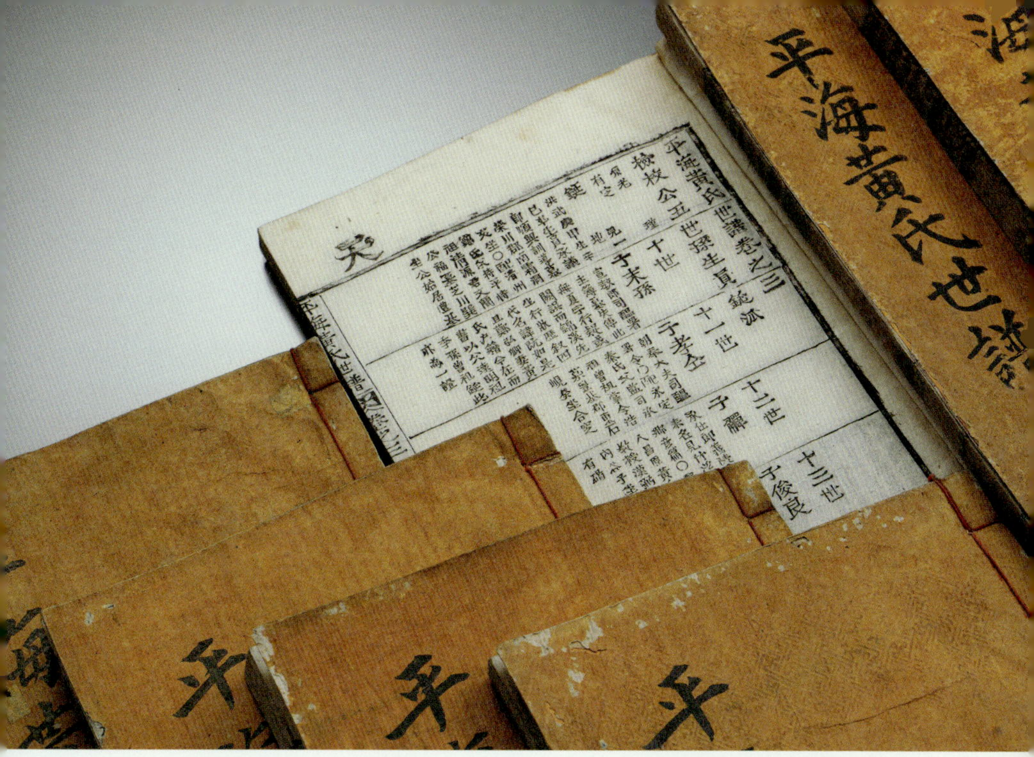

『평해황씨세보』(소수박물관 제공)

사와 금선정을 포함한 선조 금계의 유적지 금선계곡 전부를 수호하는 건물이 되어 있다.

우리들은 지금의 도시와 교통망 등 현대 지리적 관념으로 조선시대의 종가와 동족부락, 그리고 정사와 서원 등이 몹시 외지고 한적한 곳에 위치해 있다고 판단하기 쉽다. 퇴계종가나 도산서원의 경우 얼마 전까지만 해도 대단히 접근하기 어려운 곳이었다. 안동 시내에서도 30, 40분을 더 들어가야 하므로, 승용차로 가기 전에는 버스나 기차를 타고 안동에서 내려 다시 자주 있지 않은 버스를 기다려 그것을 갈아타고 들어갈 수밖에 없었다. 그래서 퇴계종가나 도산서원은 도시에서 멀리 떨어져 접근하기 어려운 곳, 사람들이 북적대는 도시에서 멀리 떨어진 외지고 한적한 곳이라서 접근하기가 몹시 어려운 곳에 있다고 흔히 말하곤 하는 것이다.

그러나 이것은 현대 지리적 관념에 따른 우리들의 선입견이 아닐 수 없다. 퇴계종가나 도산서원, 그것을 포함한 예안 일원의 지역은 조선시대에 한양으로 향하는 관도官道(國道)에서 멀지 않은, 교통이 편리한 곳, 그러면서도 산이 좋고 물이 좋아서 농사를 짓기에 유리한 곳에 위치해 있었다. 퇴계종가가 위치한 예안에서 영주까지는 반나절 거리이다. 여기에서 경상도 북부지역에서 서울로 올라가는 주요 통로인 죽령까지 가서 풍기의 창락역昌樂驛에서 하룻밤을 잔 다음, 아침 일찍 죽령을 넘어 구 단양을 지나 충주에는 그다음 날 오후에 도착하게 된다. 충주는 조선시대 한양으로 올라가는 육로와 수로가 통과하는 곳이기 때문에 이곳에서 서울까지는 넉넉잡아 3일 정도의 여정이므로, 예안에서 한양까지 가는 데는 5일 정도가 걸린다. 그래서 퇴계는 한양에서 경상도 북부지역으로 내려오는 길을 말하면서, 예안을 기준으로 죽령을 통해 내려오는 것을 동행東行이라 하고, 조령을 통해 내려오는 것을 남행南行이라 한다고 하여, 자신의 고향 예안을 자랑하기도 하였다.

조선시대 선비들은 이와 같이 한양으로 향하는 관도에서 멀지 않은 곳, 그러면서도 수자원이 풍부한 곳, 산이 비교적 높아 골짜기마다 계곡물이 풍부하여 농사짓기에 유리한 곳에다 세거할 터를 잡고 살았다. 한양으로의 접근이 편리한 곳에 있어야 대대로 벼슬을 하면서 집안을 유지할 수 있었다. 예안도 그러한 곳이었고, 영주나 풍기도 그러한 곳이었다. 영주와 풍기는 소백산 자락에 위치해서 계곡물이 풍부했기 때문에 산비탈을 중심으로 논농사나 밭농사 모두에 유리하였고, 한양으로 올라가는 육로와 수로가 통과하는 충주까지 가는 관도가 바로 고을 한복판을 통과하였다. 평해황씨 검교공파 8세 황유정이 살았던 삼판서 고택도 충주로 향하는 관도 바로 옆에 위치해 있었고, 금계종가가 있었던 지금의 경상북도 영주시 풍기읍 서부리 풍기역 주변도 충주로 향하는 관도 바로 옆에 위치해 있었다.

그렇다면 평해황씨 검교공파가 왜 동해안의 외진 평해에서 영주로 이주했는지, 그리고 영주에서 다시 풍기로 이주했는지 그 이유를 미루어 짐작해 볼 수 있다. 교통과 농사의 편의를 깊이 고려했던 것이다. 다만 이러한 교통과 농사의 편의를 고려해서 잡은 터는 늘 사람과 세상일로 북적대기 때문에 조선시대 선비들은 세거하는 자신의 집과는 별개의 정사나 서당을 산수가 아름답고 한적한 곳에다 두게 마련이다. 퇴계가 도산서당을 자신이 거주하던 토계의 집에서 뒷산을 넘어 낙천洛川 강가에다 따로 둔 것이나, 금계가 자신이 만년에 물러나 지내려고 지었던 금양정사를 풍기 읍내에 위치한 자신의 집에서 다소 떨어진 금선계곡 어귀에다 두었던 것이 그러한 예이다.

금양정사는 금계가 만년에 벼슬을 그만두고 물러나 학문을 연구하고 후진을 양성하며 지내려고 했던 곳이다. 금계는 처조부 농암聾巖 이현보李賢輔(1467-1555)와 스승 퇴계의 물러나 사는 삶을 깊이 선망했을 뿐만 아니라, 당대 산림처사로 일컬어지던 대곡大谷 성운成運(1479-1579), 송계松溪 신계성申季誠(1499-1562), 남명南冥 조식曺植(1501-1572) 등을 직접 찾아가서 만나거나 그들의 동향에 깊은 관심을 보였다. 이러한 사실을 고려할 때, 금계가 장년인 47세의 나이로 세상을 떠나지 않았다면, 이곳에 물러나 지내며 별서別墅로 경영했을 가능성, 금계종가의 또 다른 터전이 되었을 가능성이 크다. 이와 같은 측면에서 1950년 한국전쟁 중에 미군기의 폭격으로 풍기읍내의 종가를 잃고 난 다음, 금양정사를 임시 종가로 사용하다가 그 아래에 새로 종가를 짓고 거주하게 된 것은 그들의 선조 금계가 미리 점지해 둔 터전으로 자연스럽게 이주한 것이라고 볼 수 있다. 그래서 선조 금계의 유지를 잘 받들게 되어 화가 도리어 복이 된 것이 아닐까 하는 생각이 든다고 한 것이다.

제 2 장

금계 종가를 일궈 온 인물들

인간은 왜 영원히 살 수 없는 것인가? 어떻게 하면 영원히 살 수 있을 것인가? 이는 인간의 인지가 발달하면서 아주 먼 옛날부터 사람이면 누구나 가져온 의문일 것이다. 그리고 이 문제를 풀기 위해서 부단히 애를 써 온 것이 사실이다. 그러나 인간의 생명이란 유한하기 때문에 그들이 영원히 살기 위해 애써 온 흔적만 역사상에 가득 남아 있을 뿐, 실제 영원히 살았다는 사람은 하나도 없다. 고대 이집트 파라오들이 지상에 세운 거대한 피라미드나 진시황이 지하에 건설한 자신의 거대한 무덤이 그것들이다.

진시황은 현세에서 죽지 않고 영원히 살아서 자신의 절대권력을 무한히 누리고 싶었다. 그래서 불로초를 구하기 위해 세계 각지에다 사람들을 보내기도 하고, 또 불사의 단약을 제조하는 데도 힘을 쏟았다. 절대권력자들만이 아니라 일반인들도 그 문제에 대해서는 예외가 아니었다. 모두들 자신의 유한한 생명을 더 연장하기 위해 부단히 애를 써 왔던 것이다. 중국에서 일찍부터 도교가 성행했던 것, 신선이 되기 위한 수련과 불사의 단약 제조가 성행했던 것도 그 때문이다.

중국 전래의 신선을 추구하는 길은 크게 두 갈래가 있다. 하나는 수련을 통해서 내 몸에다 내단內丹을 쌓아 가는 것이고, 다른 하나는 불사의 단약인 외단外丹을 제조해서 복용하는 것이다. 이 모두 유한한 생명을 가진 인간이 매미가 허물을 벗듯 육신을 벗어던지고 영원한 생명을 누리는 신선이 되는 것을 지상의 목표로 하였다. 그러나 수련을 통해 내단을 얻어 가는 길은 도인導引

이나 양생養生에 그쳐 유한한 생명을 얼마간 연장하는 것에 그치기 마련이고, 오랜 노력을 들여 제조한 불사의 단약인 외단을 복용해도 인간의 유한한 생명을 얼마간 연장하는 것에 그치기 마련이다. 도리어 내단의 수련이 몸을 버려 생명을 단축시킨 경우나, 불사의 단약인 외단 복용이 수은중독을 불러 유한한 생명을 단축하는 경우도 적지 않았다.

유한한 생명을 연장해서 영원히 살려는 욕구와 결합된 신선술神仙術의 성행은 내세를 설법하는 불교가 들어온 뒤에도 사라지지 않았다. 특히 신선술에서의 내단 수련법을 불교의 수련법으로 전환시켜 중국적 선禪으로 발전시키면서 더욱 심화된 것으로 보인다. 위진남북조 시대 이후 지성계에서 불교가 성행한 것은 이와 무관하지 않다. 불교는 이렇게 중국 전래의 신선술과 결합해서 지성계에 깊숙이 침투하는 한편, 일반 대중들에게는 윤회를 설법해서 내세에 다시 인간으로 태어나는 것을 보장받기 위해, 다시 말하면 유한한 생명을 내세에까지 연장하기 위해 현세에서 선업善業을 쌓도록 유도하는 방책을 취하였다. 그러나 이것만으로는 인간의 유한한 생명을 무한히 연장해서 영원히 살게 할 수는 없고, 영원히 젊음을 유지하며 살아서 현세의 수많은 부귀영화를 누릴 수 있게 할 수도 없는 것이었다.

중국에서 인간이 유한한 생명을 극복하고 영원히 사는 적정한 길을 찾은 것은 도교나 그와 결합된 불교가 아니었다. 현대의 생물학에서는 인간을 포함한 모든 생명체는 자신의 유전자를 후대에 전하는 것을 지상의 목표, 자신이 영원히 사는 길로 생각한다고 하였다. 비록 현대 생물학의 지식은 없었지만, 고대 중국에서도 인간의 생명 현상을 깊이 통찰해서 현대 생물학에서 말하는, 인간이 자신의 유전자를 후대에 전하는 것이 영원히 사는 길임을 깨달은 사람이 있었다. 그 사람이 바로 공자이다. 공자는 인간이 아버지에서 아들로 무한히 이어지는 연쇄 고리 속에서 영원히 살 수 있다는 사실을 통찰하여 효孝라는 제일의 윤리를 도출하고, 그 제일의 윤리인 효를 기반으로 유교를 창시하고 또 전파하였다.

효는 자식이 부모에게 효도한다는 일반적인 뜻 이전에 자식이 부모를 계승한다는 뜻이 우선한다. 효는 생물학적으로는 부모의 몸을 자식이 계승하는 것이고, 문화적으로는 부모의 경제적·사회적 기반을 자식이 계승하는 것이다. 생물학적으로 부모의 몸은 자식에서 자식으로 무한히 계승되면서 영원히 사는 길을 열어가고, 문화적으로 부모의 경제적·사회적 기반은 자식에서 자식으로 무한히 계승되면서 영원히 보존되는 길을 열어 가는 것이다. 그래서 공자는 "신체와 머리털과 살은 부모에게서 받은 것이니 감히 훼손하지 않는 것이 효의 시작이 되고, 입신출세하여 도를 행해서 후세에 명성을 드날려 부모를 현양시키는 것이 효의 끝이 된다[身體髮膚, 受之父母, 不敢毁傷, 孝之始也; 立身行道, 揚名於後世, 以顯父母, 孝之終也]."라고 하였고, 또 "아버지가 생존해 계실 때는 자식의 뜻을 살피고, 아버지가 돌아가신 뒤에는 자식의 행동을 살피는 것이니, 삼 년 동안 아버지의 방식을 고치지 않아야 효라고 할 수 있다[父在觀其志, 父沒觀其行, 三年無改於父之道, 可謂孝矣]."라고 하였다. 부모의 생물학적인 몸과 부모가 닦아 놓은 경제적·사회적 기반을 물려받았기 때문에 삼 년 동안 아버지의 방식을 고치지 말아야 한다고 한 것이다.

공자는 인간의 생명 현상에서 도출한 효라는 제일의 윤리를 가정에서 사회 전반으로 확산시켰다. 공자 사후 맹자를 거쳐 한漢나라에 이르러서는 마침내 유교가 국교가 되고, 유교의 제일 윤리가 통치이념이 되면서 효는 마침내 인간의 모든 행위의 근본이 되었다. 일반 백성에서부터 제왕에 이르기까지 모든 인간이 일상생활을 해 나가는 데 반드시 실천해야 할 제일의 절대규범이 되었다. 인간이 일상생활을 해 나가는 과정에, 부모의 몸을 받아 태어나고 또 자식을 낳아 기르면서 영원히 살 수 있는 길을 찾을 수 있도록 해 놓은 것이다. 후일 불교의 주요 교리를 자기화한 주자학이 출현해서 효라는 인간의 윤리규범, 그 도리를 인간과 세계를 관통하는 이법理法과 동일한 것으로 파악해서 일상생활을 해 나가는 과정에 수련을 통해 깨닫고 실천하는 길을 열어 놓았다. 주자의 시대에 이르러서는 마침내 인간이 영원히 살 수 있는 길을 도교의 신선술이나 불교의 선이 아닌 공자가 말씀한 효라는 윤리의 실천에서 찾았던 것이다. 일상의 가족윤리, 생활윤리인 효의 체득과 실천이 인간과 세계를 관통하는 이법과 하나가 되는, 그래서 영원해지는 길임을 이론적으로도 분명하게 체계화

하였다. 이것이 중국에서 유교, 그것을 개신한 주자학이 도교나 불교를 누르고 제일의 가르침이 된 이유이다.

유교의 관점에서 인간이 영원히 사는 길은 부모가 되어 자식을 낳아 자신의 생물학적인 몸과 경제적·사회적 기반을 자식에게 전하는 것이다. 그러한 부모에게서 자식으로 무한하게 이어지는 인간의 연쇄 고리를 도식화해 놓은 것이 전통시대의 족보라고 할 수 있다. 족보는 무한한 생명의 연쇄, 『주역』에서 말하는 '생생生生'의 파노라마를 한 권의 책 속에 담아 놓은 것이다. 족보에서 아버지와 아들 사이의 항렬자를 오행의 상생상극 중 상생의 관계가 되도록 안배해 놓은 것도 이 때문이다. 족보를 보게 되면, 시간적으로 위로는 손으로 꼽기 어려울 정도로 많은 선대 부모들의 기반 위에 한 인간이 존재함을 알 수 있고, 또 아래로는 그 인간을 기반으로 많은 후손들이 존재하고 있음을 알 수 있다. 공간적으로 동시대에 함께 살고 있는 많은 다른 사람들과 연계된 것을 제외하고도 말이다. 따라서 한 인간이나 그가 일으킨 집안을 알려면, 족보를 가지고 이렇게 시간적으로 위아래로 무한하게 이어져 내려온 과정을 대략이나마 살펴봐야 한다.

평해황씨 검교공파 금계종가 가계도

시조 갑고甲古(箕城君, 평해황씨 시조)
1세 온인溫仁(高麗金吾將軍太子檢校)
2세 우정佑精(高麗軍器少尹)
3세 유중裕中(高麗門下侍中)
4세 진璡(高麗檢校軍器監, 검교공파 파조)
5세 지정之挺(1255–1323, 高麗通德郎)
6세 원로原老(1270–1351, 高麗寧海府使, 榮州入鄕)
7세 근瑾(1302–1389, 高麗寶文閣提學)
8세 유정有定(1343–?, 號 米囷, 工曹判書)
9세 연鋋(1380–1461, 順興訓導, 豐基入鄕)
10세 말손末孫(司醞署主簿)
11세 효동孝仝(順陵參奉)
12세 치觶(1492–1572, 義陵參奉)
13세 준량俊良(1517–1563, 號 錦溪, 行 星州牧使, 贈 吏曹參判)
14세 지환之瑍(1543–1613, 금계종손 1세, 號 溪堂, 宣務郎, 入系)
15세 립岦(1570–1659, 금계종손 2세, 掌隷院判決事)
16세 진형震亨(1591–1660, 금계종손 3세, 贈 工曹佐郎)
17세 용연龍淵(1611–1668, 금계종손 4세)
18세 처경處敬(1631–1687, 금계종손 5세)
19세 성埣(1666–1717, 금계종손 6세, 號 兩忘齋, 入系)
20세 상화尙鏵(1702–1750, 금계종손 7세, 入系)
21세 윤구潤九(1722–1784, 금계종손 8세, 號 山南窩)
22세 재간再榦(1748–1778, 금계종손 9세)
23세 석린錫鱗(1773–1835, 금계종손 10세, 入系)
24세 헌주憲周(1792–1850, 금계종손 11세, 號 農隱)
25세 우진宇鎭(1839–1898, 금계종손 12세, 號 復古齋, 入系)
26세 영래永來(1860–1941, 금계종손 13세, 號 雲樵)
27세 병하秉夏(1882–1907, 금계종손 14세)
28세 봉섭鳳燮(1929–1983, 금계종손 15세, 入系)
29세 재천載天(금계종손 16세, 현 종손)

금계종가를
일궈 온 인물들

1 금계 황준량의 선대

앞 장에서 평해황씨가 평해에서 영주를 거쳐 풍기에 정착하는 과정을 서술하면서 평해황씨 도시조 이하 금계의 선대에 대해서 개략적인 언급을 하였다. 그래서 여기서는 금계의 직계 선조를 대상으로 그들의 생졸년, 행력, 묘소와 비석 유무, 배위, 자녀 등을 족보와 기타 자료를 가지고 정리해 보기로 하겠다.

1) 1세 황온인黃溫仁

평해황씨 시조이다. 생졸년 미상이다. 고려조에서 금오장군 태자검교를 지냈다. 묘소는 실전되었다. 배위 상당군부인 고씨高氏

는 검교장작감 고익공高益恭의 딸이다. 묘소는 실전되었다. 1남 우정佑精을 두었다.

2) 2세 황우정黃佑精

생졸년 미상이다. 고려조에서 군기소윤을 지냈다. 묘소는 실전되었다. 배위 숙부인 기계윤씨杞溪尹氏는 대제학 삼사 윤신걸尹莘傑(1266–1337)의 딸이다. 묘소는 실전되었다. 1남 유중裕中을 두었다.

3) 3세 황유중黃裕中

생졸년 미상이다. 고려조에서 문하시중을 지냈다. 묘소는 실전되었다. 배위 정경부인 안동김씨安東金氏는 제학 강릉도존무사 김승金承의 딸이다. 묘소는 실전되었다. 3남 진璡, 서瑞, 용墉을 두었다. 이 세 분이 각각 평해황씨 검교공파, 문절공파, 충경공파 파조가 되었다.

4) 4세 황진黃璡

생졸년 미상이다. 고려조에서 검교군기감을 지냈다. 묘소는 실전되었다. 배위 정부인 무안김씨務安金氏는 태학진사 김중룡金仲龍의 딸이다. 묘소는 실전되었다. 2남 지정之挺, 서정西挺을 두었다.

5) 5세 황지정黃之挺(1255-1323)

고려조에서 통덕랑을 지냈다. 묘소는 실전되었다. 배위 강릉 최씨江陵崔氏(1250-1312)는 전서 최사립崔斯立의 딸이다. 묘소는 실전되었다. 1남 원로原老와 김손金蓀, 방원백房元伯에게 출가한 2녀를 두었다.

6) 6세 황원로黃原老(1270-1351)

자는 경정景定이다. 고려조에서 문과에 급제하여 벼슬이 사록참군 영해부사에 이르렀다. 후일 좌부승지에 증직되었다. 묘소는 실전되었다. 배위 구성군부인 예안우씨는 급제 우평의 딸이다. 묘소는 울진군 매곡梅谷 계좌癸坐에 있다. 7남 관瓘, 전琠, 선瑄, 근瑾, 규珪, 현琄, 경璥과 단양丹陽 우원광禹元光, 김견룡金見龍, 김연金衍에게 출가한 3녀를 두었다. 공이 평해에서 영주 남쪽 초곡으로 처음 이주하였다. 공은 일찍이 아들 7형제가 뿔뿔이 흩어져 사느라 서로 자주 만나지 못하는 심정을『시경』「시구鳲鳩」에서 "뻐꾸기가 뽕나무에 있는데, 그 새끼가 일곱 마리라오[鳲鳩在桑, 其子七兮]."라고 한 구절을 끌어다가 "뻐꾸기 새끼들을 일곱 숲의 가지에다 분양했더니, 각각 남북으로 떨어져 왕래가 드물구나[鳲鳩分養七林枝, 各分南北往來稀]."라고 읊었다.

7) 7세 황근黃瑾(1302-1389)

6세 황원로의 넷째 아들이다. 고려조에서 문과에 급제하여 사예 겸 예문관직제학·지제고, 우헌납을 지냈다. 공민왕 때 우헌납으로 정언 김속명과 함께 당시 지진이 일어난 것은 후궁과의 관계를 엄격하게 하지 못해 발생했다고 상소했다가 옥천군수로 좌천되었다. 나중에 조정으로 돌아와 보문각제학을 지냈다. 사후 자헌대부 한성좌윤에 증직되었다. 묘소는 영주 남아촌南牙村 자좌子坐에 있다. 배위 정부인 순흥안씨는 근재 안축의 딸이다. 공의 묘소 옆에 쌍분으로 모셨다. 3남 지명知命, 지량知量, 유정有定을 두었다.

8) 8세 황유정黃有定(1343-?)

졸년 미상이다. 7세 황근의 셋째 아들이다. 초명은 지정知定, 호는 미균米囷이다. 벼슬은 자헌대부 공조판서에 이르렀다. 공은 어려서부터 자질이 비범하여 1355년(공민왕 4) 12세 때 안동도회安東都會에 참여해서 시를 지었는데, 시관이 그 시를 보고 과거에 응시하기를 권했다고 한다. 그 시에서 "가을을 여름 앞에 둘까 하늘이 묻는다면, 조삼모사라 나는 원숭이를 따르리라[先秋後夏天若問, 朝三暮四吾從狙]."라고 하였다. 공은 평생토록 글 읽기를 좋아하여 잠들기 전에는 손에서 책을 놓아 본 적이 없었는데, 특히

『논어』를 애독해서 미균이라고 자호하였다. 시에도 뛰어나서 당시풍이 있다고 일컬어졌다. 하루는 영유현령永柔縣令 김소량金少良(1384–1449)에게 시집간 딸의 집에 들렀다가 공이 자신의 집을 물려준 외손자 무송헌 김담을 두고 시를 짓기를,

우연히 청려장 짚고 사립문을 나서니,	偶携藜杖出柴扉
사월이라 화창한 날 제비들 날아드네.	四月清和燕燕飛
흥에 겨워 김씨 아들 찾아 가는데,	乘興往尋金氏子
장미꽃 한 떨기가 울타리에 피어 있네.	薔薇一朶秀疎籬

라고 하였다. 공은 초계군수, 한성판윤을 거쳐 예조·공조·형조의 전서를 지내고, 조선조에 들어와서는 공조·형조·예조의 판서를 지냈다. 이렇게 내직과 외직을 두루 거친 다음, 고향 영주로 내려와 구성 아래 자택에 소쇄헌이란 현판을 걸고 만년을 보냈다. 이곳이 바로 지금의 경상북도 영주시 가흥동 구성공원에 복원한 삼판서고택이다. 공이 장인인 형부상서 염의 정운경에게서 물려받아 살다가 다시 외손자 이조판서 무송헌 김담에게 물려주어 여말선초에 판서 세 사람을 배출한 곳이 되었다. 묘소는 영주 동애동東艾洞 을좌乙坐에 있었는데, 지금도 그곳을 황분토동黃墳土洞이라고 하지만, 묘지명이 전하지 않아 그 묘소가 공의 묘소인지 확인할 수 없다. 배위 정부인 봉화정씨는 형부상서 염의 정운경의 딸이자 조선개국공신 삼봉 정도전의 누이이다. 공의 묘소에 합장하

순흥훈도 황연의 제단(소수박물관 제공)

였다. 3남 전銓, 현鉉, 연鋋과 선성宣城 김소량金少良에게 출가한 1녀를 두었다.

9) 9세 황연黃鋋(1380-1461)

8세 황유정의 셋째 아들이다. 점필재佔畢齋 김종직金宗直(1431-1492)의 부친 강호江湖 김숙자金叔滋(1389-1456)와 1414년(태종 14) 식년생원시에 동방同榜 합격하고, 승의랑 순흥훈도를 지냈다. 공은 영주에서 풍기로 다시 이주하여 그 자손들이 대대로 풍기에 살게 되었다. 공은 부친의 가르침에 따라 학문을 익히고 실천하여 그 행적에 볼 만한 것이 많았을 것으로 추정되지만, 안타깝게도 몇 차례의 전란을 겪는 동안 문헌이 유실되어 그 행적을 추적해 볼 자료가 남아 있지 않다. 묘소는 영주 남쪽 반곡 해좌亥坐에 있다. 배위 공인 청주정씨淸州鄭氏는 사헌부지평 정시鄭時의 딸이자 문간공文簡公 정복鄭福의 손녀이다. 묘소는 지천芝川 손좌巽坐에 있다. 2남 말손末孫, 계손季孫과 영천永川 이오李塢에게 출가한 1녀를 두었다.

10) 10세 황말손黃末孫

생졸년 미상이다. 9세 황연의 맏아들이고, 금계의 증조부이다. 선교랑 사온서주부를 지냈다. 묘소는 영주 남쪽 반곡 선친 묘소 아래 해좌亥坐에 있었지만, 전란 중에 실전되었다. 배위는 공인 의성김씨義城金氏이다. 공의 묘소에 합장하였다. 1남은 효동孝仝이다.

11) 11세 황효동黃孝仝

생졸년 미상이다. 10세 황말손의 아들이고, 금계의 조부이다. 승사랑 순릉참봉을 지냈다. 묘소는 풍기군 동쪽 석현 계좌癸坐에 있다. 배위 단인 영정진씨永定秦氏는 진승조秦承祖의 딸이다. 공의 묘소에 합장하였다. 3남 치觶, 굉觥, 상觴과 순흥順興 안배건安配乾, 단양丹陽 우성근禹成勤, 수성壽城 빈수공賓守恭에게 출가한 3녀를 두었다.

12) 12세 황치黃觶(1492–1572)

11세 황효동의 맏아들이고, 금계의 부친이다. 자는 덕기德器이다. 승사랑 의릉참봉을 지냈다. 언행이 무겁고 효성과 우애가 도타웠으며, 성품이 어질어서 집안의 종들에게 너그러웠다. 또 독서를 좋아하고 대나무와 연꽃을 사랑하면서 남들에게 알려지기를 구하지 않았다. 의약에 밝아서 사람들을 많이 구제해 주었다고 한다. 묘소는 풍기 산내곡山內谷, 지금의 경상북도 영주시 풍기읍 산법리山法里(산의실) 자좌子坐에 있으며, 비석이 있다. 배위 단인 창원황씨昌原黃氏는 목천교수 황한필黃漢弼의 딸이다. 공의 묘소 우측에 쌍분으로 모셨다. 2남 준량俊良, 수량秀良과 김지석金砥石, 예천醴泉 권진남權振南, 전주全州 이흘李紇에게 출가한 3녀를 두었다.

금계종가를
일궈 온 인물들

2 금계 황준량의 후손

금계가 성주목사로 재직하다 병이 나서 집으로 돌아가던 중 예천 객사에서 세상을 떠난 것은 1563년(명종 18) 3월 11일의 일이다. 금계는 슬하에 아들을 두지 못하였기 때문에 일찍부터 아우 수량秀良의 아들 지환之瑍(1543–1613)을 양자로 삼아서 후사를 이어 두었다. 그러나 지환이 아직 어렸기 때문에 생부 수량은 형인 금계의 상장례를 비롯한 사후의 여러 일들을 자신이 맡아서 수습하였다. 한편 금계가 임종할 무렵 부인 영천이씨永川李氏는 아이를 가지고 있었고, 그가 세상을 떠나고 한 해 뒤인 1564년(명종 19) 1월 27일에 지장之璋(1564–1627)이 유복자로 출생하였다. 하지만 금계 생전에 이미 지환을 양자로 삼아 놓은 상황이라 금계종가는 지환과 그 후손들로 대를 이어 가게 되었다. 유복자 지장은 안동권씨安東權氏 권두문權豆文의 딸과 혼인하였고, 후일 예천으로 이주하여 평해황씨 검교공파 예천 입향조가 되었다. 따라서 금계종가를 일궈온 인물들은 금계 사후의 여러 일들을 수습한 아우 수량을 포함해서 지환과 그 후손들이다. 그들의 생졸년, 행력, 묘소와 비석 유무, 배위, 자녀 등을 족보와 기타 자료들을 가지고 정리해 보기로 하겠다. 금계종가의 가계를 따라 종손들을 중심으로 들어 보기로 하겠다.

1) 금계 황준량과 금간 황수량

(1) 13세 황준량黃俊良(1517-1563)

12세 황치黃觶(1492-1572)의 맏아들이다. 자는 중거仲擧, 호는 금계錦溪이다. 1517년(중종 11) 7월 지금의 경상북도 영주시 풍기읍 서부리에서 출생하였다. 재질이 남다르게 뛰어나 일찍이 스스로 문자를 해독하고, 말을 하면 바로 사람들을 놀라게 하여 신동이란 말을 들었다. 1537년(중종 32) 소과 생원시에 합격하였고, 1540년(중종 35) 문과 을과 2인으로 급제하여 벼슬길에 나아가게 되었다. 1542년(중종 37) 성균관학유, 1543년(중종 38) 성균관학록 겸 양현고봉사, 1544년(중종 39) 성균관학정, 1545년(인종 1) 상주교수가 되었다가 파직되어 지리산을 유람하였다. 1547년(명종 2) 가을 성균관박사가 되어 조정으로 돌아오고, 그해 겨울 성균관전적에 올랐다. 1548년(명종 3) 공조좌랑이 되었다가 부친상을 당하였다. 1550년(명종 5) 상을 마치고, 성균관전적에서 호조좌랑 겸 춘추관 기사관으로 옮겨 중종과 인종 두 임금의 실록을 편찬하는 데 참여하였다. 겨울 병조좌랑으로 전임되었다. 1551년(명종 6) 2월 경상도감군어사가 되었다가, 다시 승문원검교가 되었으며, 6월 추생어사가 되어 지방 민정을 살핀 다음, 7월 예조좌랑으로 옮겼지만, 나아가지 않았다. 9월 사헌부지평에 올랐지만, 전에 그에게 청탁을 했다가 거절당한 적이 있는 언관이 성질이 안정되지 못하고 또 비판적인 여론이 있다는 이유로 탄핵하여 체직되었다. 부모 봉양을 위해 외직을 자청하여 신녕현감으로 나아가서 기민을 구제하는 정사를 펴고, 향교의 문묘文廟를 수축하였으며, 백학서당白鶴書堂을 창설하였다. 1553년(명종 8)경 병으로 벼슬을 버리고 고향으로 돌아왔다. 1557년(명종 12) 봄 조정에서 피폐한 단양고을을 살릴 적임자로 선발되어 단양군수가 되었다. 「단양진폐소丹陽陳弊疏」를 올려 10년간 부세賦稅를 면제받게 하고, 단양향교를 중수하였다. 1559년(명종 14) 임기를 마친 뒤 예조정랑과 병조정랑에 제수되었지만, 모두 부임하지 않았다. 1560년(명종 15) 성주목사에 제수되었다. 재직하는 동안 전임 목사 노경린이 세우던 영봉서원迎鳳書院(川谷書院)을 증수하고, 향교의 문묘를 수리하였다. 그리고 당시 훈도로 재직하던 오건과 협력하여 학생들을 네 등급으로 나누어서 교육하였다. 후학들의 요구에 부응하여 공곡서당孔谷書堂을 세우고, 또 녹봉정사鹿峯精舍를 세워 강학의 터전을 넓혀 주

금계 황준량의 묘

었다. 1561년(명종 16) 성주에서 영천 임고서원 목활자를 가져다가 『회암서절요晦菴書節要』(15권 8책, 『주자서절요朱子書節要』 20권 10책)를 간행하는 한편, 이 책을 훈도 오건, 그리고 처조카사위 파산巴山 류중엄柳仲淹(1538-1571)과 함께 읽었다. 1563년(명종 18) 봄 병으로 사직하고 귀향하던 중에 병이 악화되어 3월 11일 예천에서 돌아가시니, 향년 47세이다. 이듬해 1564년(명종 19) 1월 풍기 산내곡 자좌子坐에 장사 지냈다. 비석이 있다. 비석은 증직이 아닌 실직으로 기록한 옛 비석을 그대로 두었다. 저서로는 『금계집』이 있다. 후일 가선대부 이조참판에 증직되었다. 풍기의 욱양서원郁陽書院과 영천의 백학서원白鶴書院에 배향되었다. 부인 증 정부인 영천이씨는 벽오碧梧 이문량李文樑(1498-1581)의 딸이자 농암 이현보의 손녀이다. 공의 묘소 좌측에 쌍분으로 모셨다. 공은 슬하에 자식이 없어서 일찍이 아우 수량의 아들 지환之瑍을 양자로 삼아서 후사를 이었다. 유복자 지장之璋이 있다.

(2) 13세 황수량黃秀良

생졸년 미상이다. 금계의 아우이다. 자는 군거君擧, 호는 금간錦澗이다. 형님 금계와 함께 퇴계의 문하에서 수학하였다. 조봉대부 부령교수를 지냈다. 1563년(명종 18) 금계가 세상을 떠난 뒤 상장례를 비롯한 사후의 여러 일들을 수습하는 한편, 단양군수 손여성孫汝誠과 함께 금계의 시집 2권과 문집 2권의 유고 4권에다 약간의 초고를 보태 유고 4권을 퇴계에게 교열받고, 아계鵝溪 이산해李山海(1539-1609)에게 발문을 받아 1584년(선조 17) 단양에서 『금계집』 내집 4권을 간행하였다. 이산해에게 발문을 받도록 한 것은 퇴계의 지시에 의한 것이라고 한다. 이산해는 단양 구담龜潭에 은거하던 당대의 명사 성암省菴 이지번李之蕃(?-1575)의 아들이고, 토정土亭 이지함李之菡(1517-1578)의 조카이다. 이지번은 퇴계뿐 아니라, 금계와도 친분이 두터웠기 때문에 퇴계가 그렇게 하도록 지시한 것이었다. 그리고 단양에서 『금계집』을 간행한 것은 금계가 단양군수 시절 「단양진폐소」를 올려 단양의 부세를 10년 동

계당 황지환의 묘(소수박물관 제공)

안 면제해 준 은공이 있었기 때문이다. 묘소는 불동佛洞 임좌壬坐에 있다. 비석이 있다. 전배前配 숙부인 동래정씨東萊鄭氏는 정사주鄭師周의 딸이다. 묘소는 공의 묘소 앞산 기슭 신좌辛坐에 있다. 비석이 있다. 계배繼配 장수황씨長水黃氏는 황백륜黃伯倫의 딸이다. 묘소는 공의 묘소 동쪽 언덕에 있다. 3남 지화之澕, 지환之瑍, 지찬之璨을 두었다. 지화와 지환은 동래정씨 소생이고, 지찬은 장수황씨 소생인데, 지화는 일찍 죽고, 지환은 백부 금계에게 양자 가서 그 후사를 이었다.

2) 금계종가의 종손

(1) 14세(금계종손 1세) **황지환**黃之瑍(1543-1613)

초명은 영暎, 자는 경률景栗, 호는 계당溪堂이다. 원래는 황수량의 아들이지만, 백부 금계가 아들이 없어서 그 양자로 들어가서 후사를 이었다. 선무랑이다. 일찍이 가정에서의 가르침을 익혀 지행志行과 문예文藝가 빼어나니, 사람들이 가문의 명성을 다시 떨칠 인물이라고 하였다. 묘소는 조부 황치의 묘소 우측 계좌癸坐에 있다. 비석이 있다. 전배 의인 봉화금씨奉化琴氏는 금응선琴應銑의 딸이자 죽창竹窓 금오琴梧의 손녀이다. 봉화금씨는 신행 전에 타계하여 친정 부친과 조부 묘소 우측에다 모셨다가, 1983년 공의 묘소에 합장하였다. 계배 예천권씨醴泉權氏는 권서운權瑞雲의 딸이자 졸재拙齋 권오기權五紀의 손녀이다. 공의 묘소에다 합장하였다. 1남 립岦과 순흥順興 안경택安景澤, 안동安東 권상평權尙平에게 출가한 2녀를 두었다.

(2) 15세(금계종손 2세) **황립**黃岦(1570-1659)

자는 여첨汝瞻이다. 조봉대부 제용감정을 지내고, 90세까지 장수하여 수직으로 장례원판결사에 올랐다. 묘소는 증조부 황치의 묘소 아래 자좌子坐에 있다. 비석이 있다. 배위 숙부인 완산이씨完山李氏는 용궁현감 이성립李成立의 딸이다. 공의 묘소에 합장하였다. 2남 진형震亨, 이형履亨을 두었다.

(3) 16세(금계종손 3세) 황진형黃震亨(1591-1660)

자는 성부省夫이다. 통선랑 공조좌랑에 증직되었다. 묘소는 풍기 동쪽 내미곡촌內味谷村 뒤쪽 임좌壬坐에 있다. 배위 공인 진성이씨眞城李氏는 선무랑 이유도李有道의 딸이며, 현감 이교李嶠(1531-1585)의 손녀이며, 온계溫溪 이해李瀣(1496-1550)의 증손녀이다. 공의 묘소에 합장하였다. 3남 용연龍淵, 용해龍海, 용한龍漢과 진성眞城 이세준李世俊, 우계羽溪 이기원李基元에게 출가한 2녀를 두었다. 용해는 뒤에 숙부 이형履亨에게 양자를 가서 그 후사를 이었다.

(4) 17세(금계종손 4세) 황용연黃龍淵(1611-1668)

자는 시약時躍이다. 묘소는 풍기 산내곡 임좌壬坐에 있다. 비석이 있다. 배위 함창김씨咸昌金氏는 생원 김우추金遇秋의 딸이다. 공의 묘소에 합장하였다. 5남 처경處敬, 석명錫命, 처정處正, 처신處信, 처겸處謙과 순흥順興 안초겸安楚謙, 안동安東 권□□權□□에게 출가한 2녀를 두었다.

(5) 18세(금계종손 5세) 황처경黃處敬(1631-1687)

자는 유일幼一이다. 묘소는 풍기군 동쪽 석현 선영 계좌癸坐에 있다. 배위 인천채씨仁川蔡氏는 채이림蔡以臨의 딸이다. 묘소는 풍기 내미곡 조부 황진형 묘소 아래 해좌亥坐에 있다. 함양咸陽 박세택朴世澤, 우계羽溪 이성신李聖臣, 안동安東 권두갑權斗甲에게 출가한 3녀를 두었다. 후사가 없어서 아우 처신處信의 맏아들 성垶을 양자로 들여서 후사를 이었다.

(6) 19세(금계종손 6세) **황성**黃垶(1666-1717)

자는 장숙章叔, 호는 양망재兩忘齋이다. 생부는 황처신黃處信(1642-1708)이다. 병자호란 때 불탄 금양정사를 옛터에다 중건하였다. 묘소는 풍기 영전촌靈田村 뒤쪽 경좌庚坐에 있다. 전배 공주이씨公州李氏는 이문환李文煥의 딸이다. 묘소는 풍기 산내곡 재실 뒤쪽 임좌壬坐에 있다. 계배 전주류씨全州柳氏는 류동휘柳東輝의 딸이다. 묘소는 풍기 마산馬山 저전楮田 뒤쪽 신좌辛坐에 있다. 생가 아우 채埰의 맏아들 상화尙鏵를 양자로 들여서 후사를 이었다.

(7) 20세(금계종손 7세) **황상화**黃尙鏵(1702-1750)

자는 자화子華이다. 생부는 황채黃埰(1669-1735)이다.『금계집』내집과 외집을 합본한 중간본 간행을 추진하기도 하였다. 이 중간본은 1755년(영조 31)에야 눌은訥隱 이광정李光庭(1674-1756)의 교정을 거쳐 간행하였기 때문에 생전에 그 출간을 보지 못하였다. 묘소는 영주 남면南面 방석촌放石村 뒤쪽 생가 조부 황처신黃處信 묘소 아래 해좌亥坐에 있다. 전배 의성김씨義城金氏는 생원 김재갑金再甲의 딸이다. 묘소는 풍기 성천암聖泉菴 뒤쪽 해좌亥坐에 있다. 계배 반남박씨潘南朴氏는 박계남朴繼南의 딸이자 소고嘯皐 박승임朴承任(1517-1586)의 후손이다. 묘소는 풍기 미곡味谷 조부 묘소 아래 임좌壬坐에 있다. 3남 윤구潤九, 윤덕潤德, 윤오潤五와 안동安東 김응연金應淵, 순천順天 김언기金彦器, 철성鐵城 이홍찬李弘纘, 수성壽城 나석강羅錫綱에게 출가한 4녀를 두었다.

(8) 21세(금계종손 8세) 황윤구黃潤九(1722-1784)

자는 회징會澄, 호는 산남와山南窩이다. 재주가 빼어나고 국량이 우뚝해서 사림의 추중推重을 받았다. 묘소는 풍기 영전촌 뒤쪽 신좌辛坐에 있다. 배위 풍산류씨豐山柳氏는 류영柳泳의 딸이자 겸암謙菴 류운룡柳雲龍(1539-1601)의 후손이다. 묘소는 풍기 우파촌牛坡村 뒤쪽 해좌亥坐에 있다. 2남 재간再幹, 중간重幹과 의성義城 김두찬金斗燦에게 출가한 1녀를 두었다.

(9) 22세(금계종손 9세) 황재간黃再幹(1748-1778)

자는 공직公直이다. 31세의 젊은 나이로 요절하였다. 묘소는 풍기 우파촌 뒤쪽 모친 묘소 아래 해좌亥坐에 있다. 배위 진성이씨眞城李氏는 이경순李景淳의 딸이자 퇴계의 후손이다. 묘소는 풍기 성천암 서쪽 언덕 임좌壬坐에 있다. 풍산豐山 김상종金相鍾에게 출가한 1녀를 두었다. 후사가 없어서 중부仲父 윤덕潤德의 맏손자 석린錫鱗을 양자로 들여서 후사를 이었다.

(10) 23세(금계종손 10세) 황석린黃錫鱗(1773-1835)

자는 운백雲伯이다. 생가 조부는 황윤덕黃潤德(1730-1791)이고,

생부는 황경간黃景榦(1749~1773)이다. 묘소는 풍기 외소外所 중원中原 임좌壬坐에 있다. 전배 풍산김씨豐山金氏는 김종오金宗五의 딸이자 장례원판결사 죽봉竹峯 김간金侃(1653~1735)의 후손이다. 공의 묘소에 합장하였다. 계배 서원정씨西原鄭氏는 정홍제鄭弘濟의 딸이자 홍문관교리 매창梅窓 정사신鄭士信(1558~1619)의 후손이다. 묘소는 풍기 마산 저전 뒤쪽 시증조모 전주류씨全州柳氏 묘소 아래 신좌辛坐에 있다. 계배 안동권씨安東權氏는 권성술權聖述의 딸이다. 묘소는 풍기 영전촌 뒤쪽 선영 아래 유좌酉坐에 있다. 1남 헌주憲周를 두었다.

(11) 24세(금계종손 11세) 황헌주黃憲周(1792~1850)

자는 일문日文, 호는 농은農隱이다. 묘소는 풍기 성천암 서쪽 산기슭 유좌酉坐에 있다. 전배 선성김씨宣城金氏는 김낙수金樂壽의 딸이자 백암栢巖 김륵金玏(1540~1616)의 후손이다. 묘소는 풍기 미곡 선영 아래 임좌壬坐에 있다. 계배는 풍산김씨豐山金氏이다. 묘소는 풍기 생현生峴 선영 뒤쪽 곤좌坤坐에 있다. 계배 우계이씨羽溪李氏는 이안식李安植의 딸이다. 후사를 두지 못하여 종제 건주建周(1820~1871)의 맏아들 백경百慶을 양자로 들여서 후사를 이었다. 백경은 나중에 우진宇鎭으로 개명하였다.

(12) 25세(금계종손 12세) 황우진黃宇鎭(1839~1898)

초명은 백경百慶, 자는 노경魯卿, 호는 복고재復故齋이다. 생부는 황건주黃建周(1820-1871)이다. 천성이 효성스럽고 우애로웠다. 선조 금계의 유지를 계승하는 것을 일생의 사업으로 삼아 「환벽중수기環碧重修記」를 찬술하고, 금양정사錦陽精舍와 선영의 재사齋舍를 중창하였다. 옛터에 집을 지어 복고재라는 편액을 걸고 자연 속에 은거해서 늙도록 자족하며 지냈다. 묘소는 풍기읍 서부리 뒤쪽 임좌壬坐에 있다. 배위 개성고씨開城高氏는 고언성高彦聖의 딸이자 월봉月峯 고인계高仁繼(1564-1647)의 후손이다. 묘소는 풍기 고방산古坊山 건좌乾坐에 있다. 2남 영래永來, 영규永奎와 진성眞城 이학구李學求, 풍산豊山 김병로金秉魯, 순천順天 김수현金秀鉉에게 출가한 3녀를 두었다.

(13) 26세(금계종손 13세) **황영래**黃永來(1860-1941)

자는 봉의鳳儀, 호는 운초雲樵이다. 문중의 화합에 노력하는 한편, 선조 금계의 현양에 힘을 쏟았다. 1923년 간행된 『평해황씨세보平海黃氏世譜』와 『금계집』 출간사업, 1930년 간행된 『덕동재소추원록德洞齋所追遠錄』 출간사업에 적극 관여하였다. 또 1923년 풍기의 욱양서원과 영천의 백학서원에 배향된 선조 금계의 위패 출향黜享과 관련한 무고를 변정한 『금계선생변무록錦溪先生辨誣錄』을 중간한 것으로 추정된다. 묘소는 풍기 욱금리 서쪽 언덕 임좌壬坐에 있다. 전배 나주정씨羅州丁氏는 정대익丁大益의 딸이자 찬성 정응두丁應斗(1508-1572)의 후손이다. 묘소는 풍기 고방산 남로南路 서답평西畓坪 자좌子坐에 있다. 후배는 해주오씨海州吳氏이다. 묘소는 풍기 산법리 자좌子坐에 있다. 2남 병하秉夏, 병세秉世와 풍산豊山 류광하柳光夏에게 출가한 1녀를 두었다.

(14) 27세(금계종손 14세) **황병하**黃秉夏(1882-1907)

자는 만성萬聖이다. 묘소는 선영 우측 저전 신좌辛坐이다. 배위 진성이씨眞城李氏는 이중린李中麟의 딸이자 퇴계의 후손이다. 공의 묘소에 합장하였다. 공은 26세의 젊은 나이로 요절하여 후사를 두지 못하였다. 그래서 숙부 영규永奎의 둘째 아들 병도秉道의 맏아들 봉섭鳳燮을 양자로 들여서 후사를 이었다.

(15) 28세(금계종손 15세) **황봉섭**黃鳳燮(1929-1983)

자는 서오瑞五이다. 생가 조부는 황영규黃永奎(1866-1892)이고, 생부는 황병도黃秉道(1893-1958)이다. 묘소는 풍기 욱금리 구서원 동산東山 자좌子坐에 있다. 부인 선성김씨宣城金氏 김옥남金玉男은 김세영金世榮의 딸이자 백암栢巖 김륵金玏(1540-1616)의 후손이다. 1935년에 출생해서 현재 생존해 있다. 3남 재천載天, 재춘載春, 재룡載龍과 2녀 재숙載淑, 선화善和를 두었다.

3) 금계종가의 지손

금계종손 일계 외에 따로 들어야 할 지손支孫들로는 금계종손 9세 황재간黃再榦(1748-1778)의 중부仲父이자 금계종손 10세 황석린黃錫麟(1773-1835)의 생가 조부 황윤덕黃潤德(1730-1791)과, 금계종손 6세 황성黃埩(1666-1717)의 생부生父 황처신黃處信(1642-1708) 계열 황상기黃尙錡(1675-?) 일계의 황석주黃奭周(1826-1900), 황세진黃世鎭(1855-1925), 황헌黃𨻳(1875-1972) 등이 있다.

(1) 21세 황윤덕黃潤德(1730-1791)

자는 수여粹如, 호는 오류헌梧柳軒이다. 금계종손 7세 황상화黃尙鏵(1702-1750)의 둘째 아들이다. 학식이 넓고 깊으며 지행이 순수하고 반듯하였다. 선대를 위해 금양정사와 선영의 재실을 중창하였고, 도산서원의 변무辨誣에도 힘을 쏟아서 당대의 명유들이 모두 존경하였다. 선친이 간행을 추진하다가 마치지 못한 『금계집』 내집과 외집 합편 중간본을 간행하였다. 묘소는 욱양서원 뒷산 임좌壬坐에 있다. 배위 순천김씨順天金氏는 김형국金亨國의 딸이자 죽일竹日 김광휘金光輝의 후손이다. 묘소는 풍기 동막산東幕山 을좌乙坐에 있다. 1남 경간景幹과 풍산豐山 김상공金相恭, 풍산豐山 류광조柳匡祚, 안동安東 권상의權尙義, 의성義城 김경찬金景燦에게 출가한 4녀를 두었다.

(2) 24세 황석주黃奭周(1826-1900)

자는 양로養老, 호는 송암松巖이다. 금계종손 7세 황상화黃尙鏵(1702-1750)의 생가 숙제叔弟 황상기黃尙錡(1675-?)의 현손이다. 증조부는 황윤원黃潤元(1763-1819)이며, 조부는 황보간黃普幹(1780-1844)

이며, 부친은 만포晩圃 황호린黃滈鱗(1798-1873)이다. 묘소는 경기도 장단군長湍郡 구룡동九龍洞에 있다. 배위 의인 평산신씨平山申氏는 통정대부 신석진申錫軫의 딸이다. 묘소는 풍기 영전촌 앞산 선구先舅 묘소 아래 병좌丙坐에 있다. 1남 세진世鎭과 밀양密陽 박준기朴準基에게 출가한 1녀를 두었다.

(3) 25세 황세진黃世鎭(1855-1925)

자는 성서聖瑞, 호는 죽한당竹閑堂이다. 송암松巖 황석주黃奭周의 아들이다. 기우氣宇가 높고 반듯하고 시는 맑고 강건하며 해박하고 단아해서 위진魏晉의 기풍이 있었다. 묘소는 풍기 영전촌 우측 언덕 신좌辛坐에 있다. 배위 진성이씨眞城李氏는 통덕랑 이만기李晩箕의 딸이고, 퇴계의 후손이다. 묘소는 풍기 장선 금선정 우측 갈림길 못 위 건좌乾坐에 있다. 3남 헌瀗, 영찬永瓚, 영국永國을 두었다.

(4) 26세 황헌黃瀗(1875-1971)

자는 경도景度, 호는 금주錦洲·계양산인桂陽山人이다. 황세진黃世鎭의 맏아들이다. 어려서부터 학문을 좋아하고 시와 문장에 능하여 명성을 크게 떨쳤다. 1892년(고종 29) 19세에 별시문과에 급제하여, 1894년(고종 31) 과거제도가 폐지되면서 조선의 마지막 과거급제자가 되었고, 장수해서 그 과거급제자 중 마지막 생존자가 되기도 하였다. 권지승문원부정자를 거쳐 승정원가주서에 임명되어 그 능력을 크게 인정받았다. 그러나 당시 조선은 망국의 길로 향하고 있는 상황이라 스스로 시국을 헤아려 볼 때, 어떻게 할 수 없음을 알고 마침내 관직을 버리고 고향 풍기 욱금리에 내려와 '금주'라고 자호하고 두문불출하였다. 항상 울분을 이기지 못하고 눈물을 흘리면서 "오백 년 종묘사직이 끝나고, 수천만 백성들이 영원히 회생할 가망이 없다."라고 탄식하곤 하였다. 친일하는 당국자가 사람을 보내 꾸짖고 또 촬영하고 녹음해서 가져가려고 하니, 망국의 천한 존재에게 무엇을 취할 것이 있다고 촬영하고 녹음하느냐고 도리어 꾸짖어 돌려보내기도 하였다. 집에서는 인륜을 돈독히 하고 조상을 받들며 한결같이 법도를 지켰다. 책상 위에는 항상 옛 경전을 펼쳐두고 독서에 힘을 쏟았으며, 혹 후학들이 찾아와서 자문을 구하면 기꺼이 그들을 지도하고 조언을 해 주었다. 나이가 들어갈수록 덕은 더욱 높아지고 살림살이는 줄어도 뜻은 작아지지 않았으니, 마을사람들이 항상 존중하고 의지하였다. 1983년 금계저수지 건설로 고향 욱금리는 수몰되었지만, 거주하던 고가는 남아 있다. 저서로는 『금주집』이 있다. 묘소는 풍기읍 내미곡 앞산 선영 경좌庚坐에 있다. 비석이 있다. 전배 단인 나주정씨羅州丁氏(1870-1890)는 정홍대丁洪大의 딸이자 찬성 정응두丁應斗(1508-1572)의 후손이다. 묘소는 풍기 욱금리 동막곡 축좌丑坐에 있었는데, 금계저수지 건설로 수몰되어 화장하였다. 후배 단인 함양박씨咸陽朴氏(1876-1897)는 박준석朴俊碩의 딸이자 묵재默齋 박사희朴士熹(1508-1588)의 후손이다. 묘소는 풍기 성천암 남쪽 언덕 자좌子坐에 있다. 후배단인 영양김씨英陽金氏(1880-1947)는 김석환金錫煥의 딸이자 영의공英毅公 김충金忠의 후손이다. 묘소는 풍기 욱금리 앞산 신좌辛坐에 있다. 4남 병룡秉龍, 병봉秉鳳, 병린秉麟, 병구秉龜와 고창高敞 오건조吳健祚, 안동安東 권희權熺, 진성眞城 이동탁李東鐸에게 출가한 딸이 있다.

제3장

금계종가가 수호해 온 것들

금계종가가
수호해 온 것들

1 금선계곡의 금양정사, 금선대와 금선정, 욱양서원

금양정사, 금선대와 금선정, 욱양서원은 모두 금선계곡에 있다. 금선계곡은 지금의 경상북도 영주시 풍기읍 금계리에 있는 금계천의 일부 구간이다. 금계천은 소백산 비로봉에서 발원한 물줄기가 영주시 풍기읍 삼가리, 욱금리, 금계리, 교촌리를 지나 서천으로 합류하는 하천이다. 금계천은 욱금리 금계저수지(금계호)와 금계리 장선마을까지 1.5km 구간을 지나면서 금선계곡이라는 절경을 빚어낸다. 이곳에는 기암괴석과 수백 년 된 노송들이 들어서 있어 이름 그대로 비단물결에 신선이 노니는 선경이 펼쳐진다. 그 끝자락에 위치한 금선정과 금선대, 그리고 금선정 뒤쪽 산 중턱에 있는 금양정사 주변의 경관이 특히 아름답다. 이 일대

금선계곡

가 『정감록』에 기록된 10승지 중 제1승지인 것이다.

1) 금양정사

지금의 경상북도 영주시 풍기읍 금계리 38번지에 있는 금계의 정사이다. 앞면은 3칸이고 옆면은 2칸이며, 대청은 오른쪽에 두고 온돌방은 왼쪽에 두었다. 앞쪽과 왼쪽에는 쪽마루를 두었다. 대청은 앞면을 열어 두었으며, 오른쪽 면과 뒷면 2칸에는 두 짝 띳장에 널창을 설치하였다. 건축양식과 평면구성에서 지방 사대부 건축의 전형을 보여 주고 있어 건축사 연구에 중요한 자료로 평가받고 있다. 2006년 9월 14일 경상북도 유형문화재 제388호로 지정되었다.

금계는 일찍이 금계천 금선계곡에다 정사를 지을 터를 닦고 금양정사를 짓고는 다음과 같은 시를 지었다.

금계에 정사 터를 닦고 먼저 절구 1수를 짓다[錦溪闢精舍基先占一絶]

구름 사이 정사는 티끌 한 점 없는데,	雲間精舍絶纖塵
주경야독하는 일이 무엇보다 진락이라.	夜讀朝耕樂最眞
복사꽃 모두 지고 봄날은 적적하니,	落盡桃花春寂寂
도원 찾는 사람이 다신 오지 않는구려.	尋源來問更無人

『금계집외집』 권6

금양정사

금양정사錦陽精舍

돌구멍 몽천에서 샘물이 솟고, 石竇蒙泉出
산에는 비단 나무 펼쳐 있다오. 孱顔錦樹開
고향 산천 가을바람에 흥에 겨워서, 秋風故山興
강선대에서 흠뻑 취한다오. 一醉絳仙臺

『금계집내집』 권3

뒤의 시 제4구에서 말하는 강선대絳仙臺는 금계가 생전에 명명한 금선대의 별칭으로 추정된다. 그러나 이 사실을 확인해 줄 별도의 기록이 없어 단정할 수는 없다. 다만 뒤의 시 제목과 내용을 통해 금계는 금양정사를 자신이 관직에서 물러나 지낼 터전으로 일찌감치 마련해 두었음은 분명하게 알 수 있다. 이렇게 금양정사를 미리 세워 두고도 계속 벼슬살이를 하느라 그곳에 입주해서 지내지 못하였던 것이다.

금계가 성주목사로 재직하다 병이 나서 집으로 돌아가던 중 예천에서 죽고 난 뒤에는, 금양정사 공사를 맡아 하던 승려 행사行思가 마무리를 해서 계속 지키고 있었다. 그러나 주인이 죽고 없는 마당에 승려 혼자서 정사를 수호하는 것에는 많은 어려움이 있었던 것으로 보인다. 그래서 퇴계가 1566년(명종 21) 2월 임금의 부름을 받고 상경하던 중 풍기에 머물 때 금양정사의 이와 같은 형편에 대해 듣고, 당시 풍기군수 조완벽趙完璧에게 편지를 보내 그 수호를 위해 각별한 신경을 써 줄 것을 부탁하였다. 그 내용은 다음과 같다.

이곳 풍기에 있는 금양정사는 죽은 제 벗 금계 황준량 군이 만년에 물러나 학문을 연구하고 도를 강론하려던 곳입니다. 정사를 다 세우지 못하고 주인이 죽었는데, 공사를 주관하던 승려 행사가 유지를 잘 받들어 공사를 모두 마치고 지키고 있으니, 매우 가상한 일입니다. 혹 후대로 내려가면서 관에서 그 유래를 알지 못하여 수호하는 승려를 두지 못하게 한다면, 아무도 수호할 사람이 없어서 정사는 버려져 잡초만 무성하게 될 것입니다. 사또께서는 이러한 뜻을 깊이 헤아려 지금부터 금양정사를 수호하는 승려의

금계정사 완문 현판

금계정사 중수기 현판

관역官役을 영구히 면제해 주어 그곳을 잘 수호할 수 있도록 조처해 주시기를 간절하게 부탁드립니다.

『금계집외집』 권9 「금양정사완호기문錦陽精舍完護記文」

이에 대해 조완벽은 승려 행사의 관역을 면제해 준다는 완문을 발급해 주었다. 이로부터 30년이 경과한 1595년(선조 28), 그때 풍기군수로 재직하던 퇴계의 또 다른 제자 겸암謙菴 류운룡柳雲龍(1539-1601)은 이 글 뒤에 「금양정사완문발錦陽精舍完文跋」(『겸암집』 권5)을 지어서 붙였다. 그리고 그것과 당시 조완벽 군수가 승려의 관역을 면제해 준다는 문서를 판에 새겨서 금양정사뿐만 아니라 풍기고을 향사당鄕射堂에다 걸어 두고 풍기고을 유림이 영구히 지키도록 조처하였다.

금양정사는 병자호란 때 화재로 소실되어 60여 년 동안 빈터에 잡초만 무성하였다. 그러다가 1701년(숙종 27) 금계의 6세 봉사손奉祀孫(奉事孫) 양망재兩忘齋 황성黃埩(1666-1717)이 다시 옛터에다 중건하였다. 그간의 경과와 중건 과정은 당시 풍기군수 홍경렴洪景濂(1645-?)이 지어서 지금 금양정사에 걸어 둔 「금양정사중수기錦陽精舍重修記」에 잘 기록되어 있다.

금양정사는 병자호란 때 화재로 소실되어 빈터에 잡초만 우거진 지 60여 년이나 되었기에, 그곳을 지나다니는 사람들이 보고서 탄식해 마지않으니, 후손들의 심사야 어떠하겠는가. 내가 이 고을에 부임한 이듬해에 금계의 봉사손 황성이 중건할 뜻을 말하기에, 내가 그 뜻을 가상하게 여기고 그 터를 가 보았다. 골짜기는 깊고 조용하며 냇물이 안고 돌아 외지고도 아름다우니, 진실로 덕 있는 이가 거처할 곳이라서 금계라는 지명이 과연 헛되지 않음을 실감하였다. 다만 옛터는 시원스럽기는 해도 가팔라 전망은 좋지만 오래 거처하기에는 마땅치 않을 것 같아, 그 곁의 아늑한 자리에 다시 짓도록 권하자, 황성이 그러겠다고 하였다. 몇 달 뒤 황성이 와서 우선 옛터에다 정사를 중건하고, 또 다시 물자를 마련해서 그 곁에도 건물을 짓겠다고 하였다. … 황성이 내가 고을 수령으로 있고, 또 일의 전말을 잘 알고 있다는 이유로 기문을 부탁하니, 내가 감히 사양하지 못하고 짓는다.

1800년대 후반에 금계의 12세 봉사손 복고재復故齋 황우진黃宇鎭(1839–1898)이 금양정사를 다시 중창하였다. 그러나 이에 대한 기록은 족보의 복고재 황우진 이력에 짤막하게 기록되어 있을 뿐, 현재 별도의 기록이 전하지는 않는다.

2) 금선대와 금선정

금선대는 지금의 경상북도 영주시 풍기읍 금계리 금선계곡의 끝자락 언덕 아래에 있는 너럭바위를 말한다. 금계는 이 바위를 금선대라고 명명하고 다음과 같은 시를 지었다.

금선대에서 노닐다[遊錦仙臺]

기암괴석 문 앞에 어지러이 펼쳐 있고, 奇巖亂鋪玉扃
세찬 냇물 흰 비단이 뒤집혀 흐르는 듯. 怒澗倒流氷紈

금선대

금선정

대 위에서 술 한 동이 통쾌하게 마시자니, 一樽痛飮臺上
울긋불긋 꽃 그림자 봄 산을 뒤흔드네. 紅紫影搖春山

『금계집내집』 권3

금선대에서 노닐다[遊錦仙臺]

승경 찾는 마음이라 골짝이 창에 드니, 探勝襟懷洞入窓
시재를 반악에게 빌릴 필요 있으리오. 詩才何必借潘江
무지개 밝은 시내 폭포 갠 날에도 눈 날리고, 虹明澗瀑飛晴雪
비단 안은 안개 속 꽃 돌다리를 비춘다오. 錦擁煙花照石矼
연하 덮인 소백산 어디가 제일인가? 小白雲霞誰第一
금선대 달과 바람 짝할 데가 없다오. 仙臺風月自無雙
봄옷 지어 걸치고 꽃을 찾아 가서, 爲披春服尋芳去
솔 그늘에 나란히 기대 술동이 기울이네. 倦倚松陰倒玉缸

『금계집외집』 권6

금계는 이곳 금선대 위에다 정자를 세울 생각으로 그 터를 잡았지만, 끝내는 세우지 못하고 말았다. 다음의 시 2수는 그 사실을 알려 주는 자료이다.

금계의 정자 터에서[錦溪亭基]

굽이치는 맑은 시내 거슬러 가서, 屈折沿淸澗
물 휘감긴 곳 끊어진 다리 건너면, 縈回渡斷橋
언 구름 돌구멍서 피어나오고, 凍雲生石竇

찬 눈은 솔가지에 매달려 있네. 寒雪罥松梢
자리 펼친 바위 모양 예스럽고, 展席巖形古
병풍 같은 산의 모습 우뚝하다오. 圍屛岳面高
봄이 오면 초가 한 채 지어 놓고서, 春來一茅屋
돌아와 어부 나무꾼 짝해 늙으리. 歸老伴漁樵

『금계집내집』 권3

금계에 정자 터를 잡다[錦溪卜亭基]

종일토록 근원 찾아 이끼 낀 바위에 앉아, 尋源終日坐苔磯
선계의 푸른 산을 마주하고 있다오. 壺裏乾坤隔翠微
사물 이치 관조하면 모두 만족스러우니, 物理靜觀皆得意
내 마음 어디서나 절로 기심 잊는다오. 我心隨處自忘機

『금계집외집』 권6

1757년(영조 33) 당시 풍기군수 송징계宋徵啓(1690–1772)는 금계가 생전에 금선대라고 명명한 바위에다 '금선대錦仙臺' 각자를 새겼고, 1781년(정조 5) 당시 풍기군수 이한일李漢一(1723–?)은 금계가 생전에 세우지 못한 정자를 지역 유림 및 후손들과 힘을 합쳐 금선대 위쪽 빈터에다 세웠다. 그 뒤 1785년(정조 9) 당시 풍기군수 이대영이 그 정자를 '금선정錦仙亭'이라 명명하고, 성주목사 조윤형曺允亨(1725–1799)에게 글씨를 받아 현판을 걸었다. 금선정에는 현판 외에도 이곳을 찾은 명사들이 다투어 시를 지었기 때문에 정자 내부에 시판詩板이 빽빽하게 걸려 있었다고 한다. 지금은 남야南野 박손경朴孫慶(1713–1782)이 금계의 8세 봉사손 황윤구黃潤九(1722–1784)의 아우 황윤덕黃潤德(1730–1791)의 부탁으로 1780년(정조 4)에 지은 「금선정기錦仙亭記」 현판을 제외하고는 모두 유실되고 하나도 남아 있지 않다. 오직 금계종가 소장 유물 중 청계淸溪 정언필鄭彦弼(1711–1760)이 전서篆書로 쓴 금선정 현판 글씨가 하나 남아 있다.

금선정은 바위를 지반으로 해서 세운 정자이다. 우리나라 누정은 바위를 지반으로 해서 세우는 경우가 몹시 흔하다. 밀양의 영남루嶺南樓, 진주의 촉석루矗石樓, 삼척의 죽서루竹西樓 등이 그 대표적인 예이다. 산자락 끝 물가에 임한 바위 위에다 이렇게 누정을 세울 경우, 우선은 경관의 확보가 용이할 뿐만 아니라, 상당한 규모의 누정을 축조하더라도 별도의 터를 닦는 작업을 할 필요가 없었기 때문에 공사도 용이했을 것이다. 지붕을 포함한 기타 누정에 필요한 다른 목재 등을 합하면, 규모가 큰 누각만이 아니라 작은 정자라고 해도 적어도 10톤 이상이 될 정도로 상당한 무게가 나갈 수밖에 없다. 따라서 그 무게의 하중을 감안하면서 바위 위에다 적절하게 기둥이 놓일 부분을 깎아내고 사방 균형을 잘 잡아서 앉힐 경우, 바위를 지반으로 해서 가장 안정적으로 누정을 지을 수 있는 것이다.

금선정은 이러한 바위를 지반으로 하고 사방 네 면을 개방한 조선시대 누정 건축양식의 전형을 잘 보여 주는 건물이다. 바위를 지반으로 하면서 그 굴곡을 그대로 살리느라 정자의 네 기둥이 모두 길이가 다르다. 정면 2칸에 측면 2칸 규모이며, 내부는 벽체 없이 개방하고 바닥에는 우물마루를 깔았다. 상부의 결구는 독특한 형태로 대량을 충량과 직교되게 결구시키고, 그 위에 정자로 틀을 짜고 추녀 및 서까래를 걸어 상부 하중을 받도록 하였다. 난간은 평난간인데 네 면을 두르는 일반적인 양식과 달리 계곡 쪽 앞면 두 칸과 측면 한 칸만 둘러 소박미를 더했다. 낭떠러지가 있는 쪽으로 난간을 최소화한 것으로 보인다. 1989년 풍기향교 유림에서 영풍군의 지원을 받아 보수하였다.

3) 욱양서원

지금의 경상북도 영주시 풍기읍 욱금리 금선계곡 상류에 있었던 서원이다. 1662년(현종 3) 지역 유림의 공의로 퇴계의 학문과 덕행을 추모하기 위해 창건한 뒤 먼저 퇴계를 배향하고, 이어서 1669년(현종 10) 금계를 배향하였다. 사당은 도산서원과 동일한 상덕사尙德祠, 강당은 활수당活水堂, 누각은 유정루幽貞樓라고 하였다. 선현의 배향과 지방 교육의 일익을 담당하여 오던 중 흥선대원군의 서원철폐령으로 1868년(고종 5)에 훼철되었지만, 욱양서원을 욱양단소郁陽壇所로 이름을 바꾸어 종전과 다름없이 향사와 교육을 행하였다. 1950년 한국전쟁 전까지는 건물이 보존되어 있다가 전쟁 중 대부분 소각되었다. 전쟁이 끝난 후 지역 유림들과 후손들이 중건하였지만, 1983년 금선계곡 상류 욱금리에 농업용수를 공급하기 위한 금계저수지를 건설하면서 건물은 모두 철거되고 그 터는 수몰되고 말았다. 지금은 육양단소를 금양정사 경내 좌측에다 이설하였다. 현재 금계종가에서는 육양서원 강당 활수당 현판과 주춧돌 2개를 보관하고 있다.

욱양단소

2 영천의 백학서원과 칠곡의 녹봉정사

1) 영천의 백학서원

금계를 배향한 서원은 욱양서원 외에도 지금의 경상북도 영천시 화남면 안천리의 백학서원이 있다. 백학서원은 원래 금계가 신녕현감을 지내던 1552년(명종 7) 경상북도 영천시 화산면 가상리 백학산에 건립했던 것이다. 금계는 이 서원을 과거공부 위주의 교육기관이 아닌 참교육을 행하는 교육기관으로 건립하였다. 그 취지는 다음 시에 잘 드러나 있다.

백학산서원[白鶴山書院]

백학이란 이름 남긴 옛 현인에 감동되어,	名留白鶴感前賢
바위 깎고 터를 잡아 몇 칸 건물 세웠다오.	爲斸雲根架數椽
창에 드는 바람과 달 안석을 차지하고,	風月入窓專几席
하늘과 못에서는 한 기운의 연비어약.	鳶魚一氣自天淵
몇 년 걸려 황무지에 학교를 열었던가?	幾年荒草開絃誦
한밤중의 무지개 서책을 비춘다오.	半夜晴虹射簡篇
제생들아 바라건대 독서에 힘써 다오.	珍重群英須着力
학문 닦음 명리를 구하는 게 아니라오.	藏修非是利名牽

『금계집내집』 권1

당에 오른 선비들 모두가 현인 되길.	升堂衿佩儘希賢
벽에 비친 힘찬 글씨 서까래와 같구려.	映壁銀鉤筆似椽
옛 골짝에 터를 열어 강석을 마련하고,	古洞開荒成講榻
거센 물결 둘러막아 문연을 만들었네.	狂瀾回障作文淵
존심에는 『시경』의 사무사가 요체이고,	存心要體詩三字
주경은 『예기』의 글 본받아야 한다오.	主敬當師禮一篇
맑은 시내 시원한 누대 특별히 깨끗해라.	玉澗風臺淸特地
봄 흥취에 절로 끌려 시 읊으며 돌아가네.	詠歸春興自相牽

『금계집외집』 권1

금계는 위의 두 시 중 외집 권1에 실려 있는 시 끝에 "백학산은 남송南宋의 학자 학산鶴山 위요옹魏了翁(1178~1237)이 도를 강론하던 곳이다. 이곳의 이름이 우연히 그것과 합치되고, 또 맑고 상쾌해서 세속을 벗어난 것 같으니, 진실로 기이한 만남이다. 몇 칸의 집을 지어 퇴계 선생의 글씨를 받아 편액을 걸었다. 도서를 소장하고 전답을 마련하였으며, 기금을 넉넉하게 하고 노비를 두어 선비들이 노닐며 쉬는 곳으로 삼고는, 원장院長과 학장學長으로 하여금 그 일을 주관하게 하였다. 관동冠童들이 책을 끼고 다투어 달려와서 비로소 독서의 즐거움을 알게 되었는데, 많게는 40여 명에 이르렀다. 온 고을의 부로들이 처음 보고 기뻐하면서 힘을 다해 더욱 치밀하게 하고, 오래도록 전해질 수 있기를 기대하였다. 매달 초하루마다 제생들이 읽었던 것을 시험 보여 분발하게 하였다. 도가 행해지는 세상으로 변화시킬 희망이 있었기 때문에 기뻐서 이 시를 지어 제생들에게 보여 주고 화답하게 하였다."라는 내용의 설명을 덧붙였다. 시에서는 백학산서원이라고 하였지만, 금계가 스승 퇴계에게 그 이름을 청하자 백학서당白鶴書堂이라고 지어 주었다. 1592년(선조 25) 임진왜란 때 소실된 것을 1612년(광해군 4)에 중건하고, 1658년(효종 9)에 땅이 협소하고 위치가 궁벽하다는 이유로 지금의 위치로 옮겨 세웠다. 1678년(숙종 4) 서당을 서원으로 바꾸고 사당과 강당은 도산서원과 동일하게 상덕사尙德祠와 전교당典敎堂으로 하고, 누각은 풍영루風詠樓라고 하고는, 퇴계와 금계를 배향하였다. 1868년(고종 5) 흥선대원군의 서원철폐령으로 훼철되었다가, 1900년(고종 광무 4)에 지역민들이 뜻을 모아 백학서당으로 다시 건립하였다. 1921년 창녕조씨昌寧曺氏 문중이 중심이 되고 지역 유지들이 힘을 합해 신학문 교육기관인 백학학원白鶴學院을 설립하여 민족의식과 항일의식을 고취하는 민족교육을 실시함으로써 이육사李陸史,

조재만曺再萬, 안병철安柄喆, 이진영李進榮 등 많은 항일 독립투사를 길러내었다. 이곳은 얼마 전까지 거의 폐허가 된 상태로 방치되어 있다가 현재 복원이 진행되고 있다.

2) 칠곡의 녹봉정사

욱양서원과 백학서원 외에도 금계가 건립한 교육기관으로는 조선시대 성주목의 속현 팔거현八莒縣, 지금의 경상북도 칠곡군 지천면 창평리에 있는 녹봉정사를 더 들어 볼 수 있다. 이곳에는 원래 녹봉사鹿峯寺라는 절이 있었는데, 조선시대에 폐허가 되어 내려오던 것을 1561년(명종 16) 당시 성주목사이던 금계가 훈도 덕계德溪 오건吳健(1521–1574)과 함께 개축하고 건물 몇 채를 새로 지어 녹봉정사라고 하였다. 2009년 인근에서 발생한 산불로 정사 건물 대부분이 소실되었다. 금계는 이 녹봉정사가 낙성되자 다음과 같은 시를 지었다.

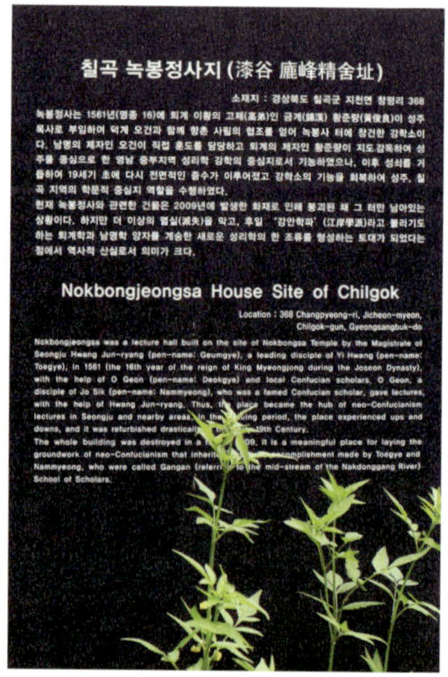

녹봉정사지 안내판

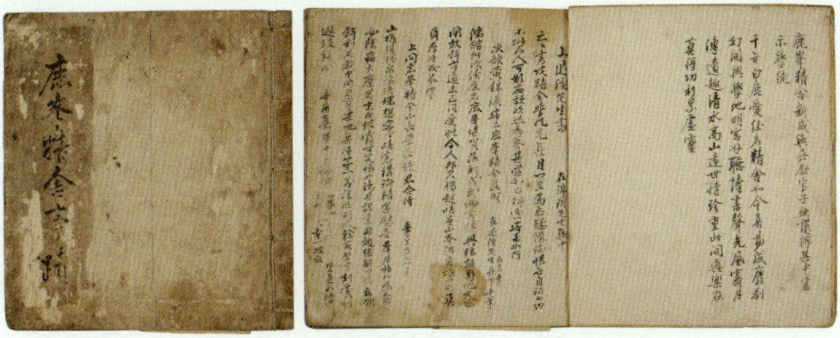

『녹봉정사사적』(소수박물관 제공)

녹봉정사가 낙성되어 그곳에서 교관 오자강吳子强(吳健)과 함께 예를 강론하고 학생들에게 써서 보여 주다

[鹿峯精舍新成 與教官子强講禮其中 書示學徒]

천추의 백록서원 좋은 이름 사랑해라.	千年白鹿愛嘉名
이제 정사 쉽게 이룬 그것이 기쁘다오.	精舍如今喜易成
폐 사찰이 흥학하는 터전으로 바뀌었고,	廢刹幻開興學地
밝은 창에 글 읽는 소리 듣기가 참 좋구려.	明窓好聽讀書聲
광풍제월 남겨진 운치가 전해지고,	光風霽月傳遺趣
산수는 높고 맑아 세속을 멀리 했네.	清水高山遠世情
진중한 이곳에는 참된 낙이 존재하니,	珍重此間眞樂在
공리로 허령한 심성 누가 되게 하지 말라.	莫將功利累虛靈

이 시는 금계종가 소장의 『녹봉정사사적鹿峯精舍事蹟』 표지 이면에 금계가 친필로 기록해 놓았다. 『녹봉정사사적』은 금계가 녹

봉정사를 창건하고 그와 관련한 사실과 통문 등 관련 자료 등을 모아서 기록하게 한 것이다. 필사본 1권 1책으로 금계종가에서 보관하고 있는데, 현재 전하는 금계의 유일한 수택본으로 추정된다. 특히 『녹봉정사사적』 표지 이면에 기록된 이 시는 현행 『금계집』 내집과 외집 어느 곳에도 실려 있지 않은 작품이다. 몇 차례의 문집 발간이 이루어지는 과정에 미처 수습이 되지 못한 것이다. 금계가 이 시를 지어서 스승 퇴계에게 부쳐 주자 퇴계는 다음과 같은 차운시를 지어서 보내 주었다.

황중거黃仲擧(黃俊良)가 보내 준 녹봉정사 낙성시에 차운하다
[次韻黃仲擧寄示鹿峯精舍落成]

유관 이름 어찌 꼭 옛 이름을 써야 하랴.	儒館何須續舊名
새로 지은 녹봉정사 낙성을 축하하네.	鹿峯堪賀落新成
언언은 무성에서 현송을 일으키고,	武城言偃興絃誦
문옹은 서촉에서 교학을 드높였네.	蜀地文翁闡敎聲
함께 받은 본성이라 옛 도는 그대론데,	古道未亡同受性
지금 사람 어찌하여 뛰어난 맘 모자라나.	今人那欠獨超情
성산은 영웅의 덤불이라 일렀으니,	星山本號英雄藪
만물 중의 내 가장 영장인 걸 잊지 마소.	莫負群生我最靈

『퇴계집』 권3

금계가 이 녹봉정사를 굳이 서원이라고 하지 않고, 정사라고 한 것은 전임 목사 사인당四印堂 노경린盧慶麟(1516-1568)을 이어

자신이 완공한 영봉서원 제향 인물의 위차位次 문제를 두고 지역 사족士族과 오래 갈등한 것과 무관하지 않을 것이다. 선현을 배향하고 도학을 강론하는 공간으로 설립되어야 할 서원이, 지역 사족들의 이해 때문에 설립 이전부터 서로 다툴 소지를 없애려 했던 것으로 보인다. 현재 부속 건물 일부만 남아 있던 녹봉정사에 대한 복원이 진행되고 있다.

3 금계종가가 지켜 온 유물과 문적

금계종가는 1950년 한국전쟁 때 풍기읍에서 시가전이 벌어지면서 풍기역 근처에 있었던 종가가 인민군지휘소가 될 가능성이 커지자 미군기의 폭격으로 대부분이 불타고 말았다. 1983년에는 금계천 상류에 농업용수 공급을 위한 금계저수지가 건설되면서 퇴계와 금계를 배향하던 욱양서원이 모두 헐리고 그 터는 수몰되고 말았다. 조선시대 병자호란 때는 전란의 와중에 금양정사가 모두 소실되는 일을 겪기도 하였다. 이와 같이 조선시대부터 근래에 이르기까지 여러 차례 화재와 수몰 등의 재난을 겪는 과정에도 금계종가와 그 후손들은 금계 관련 유물과 문적, 그리고 금계종가의 문서와 전적들을 힘껏 수습해서 잘 지켜 온 것으로 보인다.

1) 금계 관련 유물과 문적

금계종가에서 소장해 온 금계 관련 유물과 문적은 현재 20건 정도가 확인된다. 그것은 금계의 소과 합격증서인 백패와 문과 급제증서인 홍패, 금계와 부인 영천이씨 증직교지, 금계의 친필시고와 친필유묵, 퇴계 친필의 금계에 대한 제문, 금계 수택본 『녹봉정사사적』, 『금계집』 목판, 활수당과 금계정사완문 현판, 금선정 현판 글씨 등이다.

(1) 금계 백패와 홍패

백패는 조선시대 소과 생원시와 진사시에 합격한 사람들에게 주는 합격증서이다. 흰 종이에 쓴 교지를 합격증서로 주었기 때문에 백패 또는 백패교지라고 하였다. 금계가 1537년(중종 2) 생원병과 제7인으로 합격한 사실을 기록하였다. 홍패는 대과 문과와 무과에 급제한 사람들에게 주는 급제증서이다. 붉은 종이에 쓴 교지를 급제증서로 주었기 때문에 홍패 또는 홍패교지라고 하였다. 금계가 1540년(중종 5) 4월 대과 문과 을과 제2인으로 급제한 사실을 기록하였다. 대과 문과 급제자는 갑과 3인, 을과 7인, 병과 23인의 33인이었다. 갑과 3인을 각각 장원, 아원, 탐화랑이라고 하고, 그들이 1–3등이므로 을과 제2인은 전체 5등이 된다. 상위의 성적으로 급제하였음을 알 수 있다.

(2) 금계와 부인 영천이씨 증직교지

금계의 생전 관직은 정3품 당하관 통훈대부 성주목사였고, 그에 따라 부인 영천이씨는 숙인이었던 것을 1866년(고종 3) 종2품 당상관 가선대부 이조참판으로 증직하고, 그에 따라 부인 영천이씨는 정부인으로 증직한다는 내용의 교지이다.

(3) 금계 친필시고와 친필유묵

금계의 친필시고는 스승 퇴계의 삼락정三樂亭 시에 차운한 「삼락정차도산운三樂亭次陶山韻」이라는 작품이고, 친필유묵은 그가 지은 시 5제 7수와 산문 1편 원고를 첩으로 만들고 표지에 『금계유묵錦溪遺墨』이라는 표제를 달아 둔 것이다. 친필시고 「삼락정차도산운」은 『금계집외집』 권6에 「낙익정차퇴계위이대용부樂益亭次退溪爲李大用賦」라는 제목으로 실려 있고, 『금계유묵』에 수록한 작품들도 모두 『금계집』에 실려 있다.

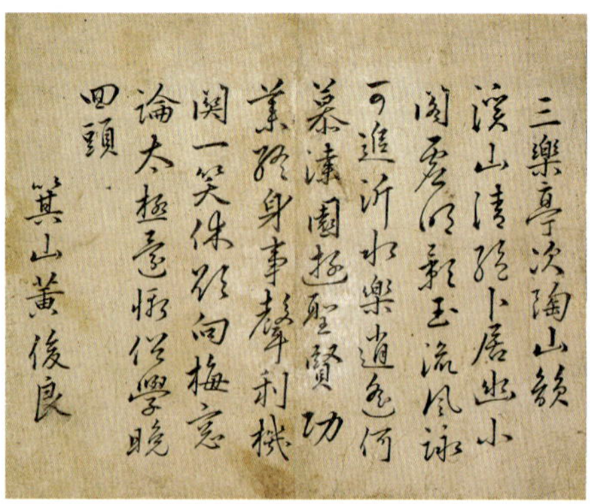

금계 황준량 친필 시(소수박물관 제공)

(4) 퇴계 친필 제문

퇴계가 직접 짓고 친필로 기록한 금계에 대한 제문이다. 『퇴계집』에는 금계에 대한 제문이 2편 실려 있는데, 그중 장문의 제문이 이것이고, 다른 하나는 비교적 짧은 제문이다. 아끼던 제자의 죽음에 대해 애통해 하고, 자신과의 관계, 학문적 성취, 관료로서 선정을 베푼 사실 등을 언급하였다.

(5) 금계 수택본 『녹봉정사사적』

이 책은 금계가 성주목사로 재직하던 1561년(명종 16) 녹봉정사를 창건하고 그와 관련한 사실과 통문 등 관련 자료 등을 모아서 기록한 것이다. 필사본 1책이다. 그 필적을 살펴볼 때, 본문은 금계가 직접 쓴 것은 아닌 것으로 보인다. 그러나 이 책 표지 이면에 기록해 둔 「녹봉정사가 낙성되어 그곳에서 교관 오자강吳子强(吳健)과 함께 예를 강론하고 학생들에게 써서 보여 주다[鹿峯精舍新成 與敎官子强講禮其中 書示學徒]」라는 시는 그 필적과 내용을 살펴볼 때, 금계가 이 책을 소장하면서 지어 직접 써 둔 작품이 분명하다. 다시 말하면 이 책은 현재 전하는 금계의 유일한 수택본手澤本으로 추정된다. 도산서원과 퇴계종가 소장의 많은 전적들 중 퇴계의 수택본은 『회암서절요』를 비롯한 서너 종에 불과하다. 그런 측면에서 이 책은 현재 전하는 금계의 유일한 수택본으로 각별한 관심을 가지고 보존할 필요가 있다고 생각한다.

(6) 『금계집』

금계의 문집으로 1755년(영조 31)에 중간된 내집 4권, 목록, 외집 9권 합 13권 5책으로 된 목판본이다. 저자를 배향한 풍기 욱양서원에서 간행하였다. 내집은 4권 1책으로 권1–3은 시, 권4는 잡저이고, 끝에는 이산해의 내집 발문이 붙어 있다. 외집은 3책으로 권1–6은 시, 권7–8은 잡저, 권9는 부록이고, 끝에는 이광정의 외집 발문이 붙어 있다.

『금계집』은 내집과 외집이 각각 다른 시기에 간행되었다. 내집은 단양군수 손여성이 금계의 아우 황수량과 함께 집에 보관하던 금계의 시집 2권과 문집 2권의 유고 4권에다 약간의 초고를 보태 1564년(명종 19) 퇴계의 교열을 거친 뒤, 이산해의 발문을 받아 1566년(명종 21)경 단양에서 목판본으로 간행하였다. 단양에서 최초로 간행하게 된 것은 금계가 단양군수로 재직하면서 10년간 부세를 면제받게 해 준 은공을 끼쳤기 때문이다. 그 뒤 단양군수로 온 송간松澗 황응규黃應圭(1518–1598)가 1584년(선조 17) 초고본과 초간본을 대조하여 잘못된 글자 13자를 정정하고 고이考異를 작성하여 추각追刻한 다음 끝에 후지를 붙였다.

외집은 여러 단계, 여러 사람의 손을 거쳐 간행되었다. 한강寒岡 정구鄭逑(1543–1620)가 1607년(선조 40) 1월에 안동부사로 부임하여 단양 초간본에 빠진 작품을 중심으로 외집 8권으로 편차, 교정해서 간행하려고 하다가, 그해 11월에 사직하고 돌아가게 되어 정리된 원고를 금계의 후손에게 맡기고 떠났다. 그 뒤 후손들의

『금계집』 목판

형편이 여의치 않아 간행이 지연되다가, 단양의 초간본 판목이 화재로 상당수 타 버리자 다시 간행을 서두르게 되었다.

1738년(영조 14) 금계를 배향한 풍기 욱양서원 원장 이만화李晩華가 서원 유생들과 중간 문제를 논의해서 경비를 마련하기로 하고, 금계종손 황상화를 중심으로 다시 간행을 추진하였다. 그러나 황상화가 일을 마치지 못하고 중간에 세상을 떠나자, 다시 김익경金翼景이 황상화의 둘째아들 황윤덕 등 풍기 지역 인사들과 함께 마무리 작업을 진행하였다. 그리고 이광정에게 교열을 받고, 또 발문을 받아서 1755년(영조 31) 간행하게 된 것이다. 퇴계와 정구가 정한 편차를 존중해서, 내집과 외집에 흩어져 있는 작품들을 각 장르별로 한 자리에 통합해서 정리하지 않고, 본래의 체재대로 내집을 앞에 두고 외집을 그 뒤에 붙인 형태로 간행하였다. 이 때문에 내집과 외집 끝에 각각 이산해와 이광정의 발문이 붙게 된 것이다.

(7) 『금계집』 목판, 활수당과 금양정사완문 현판, 금선정 현판 글씨 등

금계종가에서 보관하던 『금계집』 목판은 총 104장이다. 활수당活水堂은 욱양서원 강당 현판이다. 욱양서원은 대원군의 서원 철폐령으로 훼철된 뒤에도 욱양단소로 이름을 바꾸어 여전히 존속하다가, 1983년 금계저수지 건설로 건물이 철거되면서 강당 현판만 금계종가에서 보관하게 되었다. 활수는 밝고 영활한 인간의 마음을 비유하는 말이다. 주자朱子가 「관서유감觀書有感」 시에서 "반 이랑의 연못이 거울 하나 열었는데, 하늘 빛 구름 그림자 함께 배회하네. 묻노니 어이하여 그처럼 맑은 건가? 근원에서 활수가 솟아나기 때문이라[半畝方塘一鑑開, 天光雲影共徘徊. 問渠那得共如許? 爲有源頭活水來]."라고 한 것에서 취하였다. 금양정사완문 현판은 금양정사에 걸려 있던 것이다.

금선정 현판 글씨는 청계 정언필이 전서로 쓴 것으로, 현재의 금선정 현판 글씨와는 다른 것이다.

2) 금계종가 문서와 전적

금계종가 소장 문서 중에서 금계 관련 문서를 제외하고 가장 눈에 띄는 것은 금계종가의 가족 관계와 소유 노비 등의 변화를 한눈에 살펴볼 수 있는 180년간의 호구단자戶口單子, 금계종가에 양자를 들이면서 예조로부터 확인받은 입안立案, 소작을 준 논밭에서 거둬들인 도지에 대한 기록인 도조기賭租記, 문중의 결속과 발전을 결의한 일문약의문一門約議文 등이다. 금계종가 전적은 『금계집』과 『금계선생변무록』 등 금계 관련 전적을 제외하고는 평해황씨 일문 인사들의 문집과 풍기, 영주, 봉화 등 경상도 북부지역 다른 문중 인사들의 문집이 주를 이루고 있다.

(1) 호구단자

가. 황채 호구단자黃埰戶口單子

금계종가에서 확인되는 최초의 호구단자로 1714년(숙종 40)에 작성된 것이다. 주호主戶인 황채黃埰는 금계종손 4세 용연龍淵의 4남 처신處信의 차남이다. 처신의 장남 성垶이 용연의 장남으로 금계종손 5세 처경處敬에게 양자를 가서 종가의 대를 잇게 되자, 채埰가 처신의 대를 잇게 되었다. 그러나 성이 후사 없이 졸하게 되자, 채의 장남 상화尙鏵가 다시 성의 양자로 들어가 금계종손 6세로 종가의 대를 잇게 되었다. 이 때문에 금계의 지손 채의 호구단자가 종가에서 소장된 것으로 보인다. 금계종가에서 소장하고 있던 호구자료에는 호구단자와 준호구準戶口가 있다. 호구단자는 호적을 작성하기 위해 주호가 자기 호의 구성을 기록하여 관청에 제출하던 문서이고, 준호구는 주호가 자기 호의 내역을 관으로부터 발급받은 요즘의 주민등록등본과 같은 관문서이다. 금계종가 호구자료는 모두 68장(호구단자 66장, 준호구 2장)인데, 훼손된 자료가 일부 있기는 하지만 비교적 온전한 형태로 보관되어 있다. 가장 빠른 것은 1714년(숙종 10)의 것이고, 가장 늦은 것은 1894년(고종 31)의 것으로, 전체 기간은 180년이 된다. 호구단자는 3년에 한 번씩 정기적으로 제출되었으므로 총 60장이어야 하지만, 몇 해는 중복되고 또 9차례는 빠져 있어, 체계적으로 이어지는 호구단자는 51장이다. 이 호구단자는 조선 후기 사대부 종가의 경제적·사회적 상황을 연구하는 데 중요한 자료이다.

나. 황윤덕 과처 김씨 호구단자黃潤德寡妻金氏戶口單子

1792년(정조 16)에 작성된 호구단자이다. 금계의 8대 지손 황윤덕黃潤德이 졸하자, 그를 대신하여 부인 순천김씨順天金氏가 작성한 것이다. 황윤덕은 7대 종손 상화尙鏵의 차남인데, 그의 장손자 석린錫鱗이 금계종손 9세 재간再幹에게 양자를 가서 종가의 대를 잇게 되어, 이 문서 역시 종가에서 소장하게 된 것으로 보인다. 또한 주호를 반드시 남자만으로 잇게 하는 것이 아니라, 부인인 여성이 호의 대표를 맡은 것도 특이하다. 이것은 남자로만 이어지는 근대의 호주제가 일제강점기 호적제도의 유산임을 보여 주는 중요한 자료인 것이다.

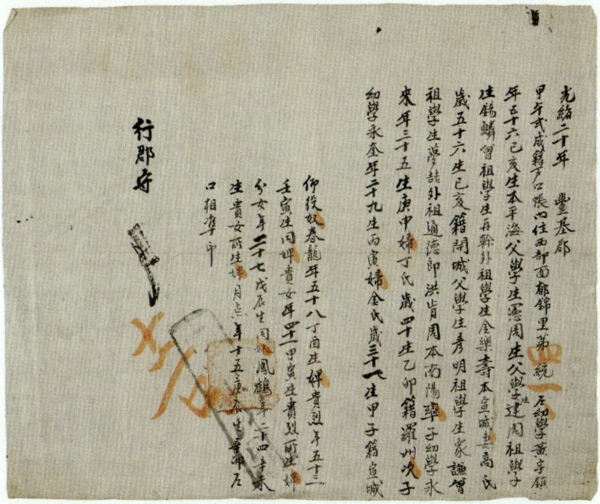

황우진 호구단자(소수박물관 제공)

다. 황우진 호구단자黃宇鎭戶口單子

1894년(고종 31)에 작성된 호구단자로 금계종가 소장의 마지막 호구단자이다. 금계종손 12세 황우진黃宇鎭의 3대 및 외조부, 그리고 생부生父 학생學生 건주建周(1820-1871)를 기록한 호구단자이다. 아내 개성고씨開城高氏의 3대 및 외조부를 아울러 기록하였고, 거느리고 있는 아들 유학幼學 영래永來와 며느리 나주정씨羅州丁氏, 둘째아들 유학 영규永奎와 며느리 선성김씨宣城金氏를 기록하였다. 집안에서 부리는 사내종 2명과 여자종 4명의 나이와 출생한 해, 부모의 명단 등 간단한 인적사항을 기록하였다.

(2) 황백경 양자 입안黃百慶養子立案

1849년(헌종 15) 12월 풍기에 사는 학생 황헌주黃憲周(1792~1850, 24세, 금계종손 11세)에게 후사가 없자, 그 아내 우계이씨羽溪李氏가 남편의 종제 건주建周의 맏아들 백경百慶(1839~1898, 금계종손 12세)을 양자로 세우려고 예조에 제출한 후 인정을 받은 문서이다. 백경은 종가에 양자를 간 후 우진宇鎭으로 개명하였다.

(3) 도조기賭租記

신미년에 작성한 도조기이다. 도조기는 소작을 준 논밭에서 해마다 거두어들이는 소작료에 관한 기록이다. 이 도조기는 금계 종가 소유 논밭에 대한 소작료를 기록한 것이다. 풍기의 남산과 욱금을 포함하여 각 마을에 있는 토지의 수량을 적고, 그 토지를 경작하는 사람들이 납부해야 할 곡식의 수량을 아울러 기록하고 있다. 신미년이 언제인지는 알 수 없으나, 조선시대 사대부 종가의 경제상황 한 부분을 살펴볼 수 있는 중요한 자료이다.

(4) 일문약의문一門約議文

한 가문이 한 곳에서 문호를 유지하며 살아갈 때, 자손이 번성하고 세대가 흘러감에 따라 자연스럽게 친소의 차이가 생겨나기 때문에, 일가는 백대지친百代之親이라는 의식을 가지고 각자가 조금씩 양보와 협력을 하면서 살아야 문호를 유지할 수 있다는 내용이다.

(5) 평해황씨 일문 인사들의 문집과 타 문중 인사들의 문집

평해황씨 일문 인사들의 문집으로는 한천거사寒泉居士 황중연黃中衍(1611–1675)의 문집인 『한천집寒泉集』(필사본 1책)을 비롯하여 5종이 있고, 타 문중 인사들의 문집과 실기로는 무송헌撫松軒 김담金淡(1416–1464)의 문집인 『무송헌집撫松軒集』(목판본 6권 3책)을 비롯한 22종이 있다(문집 20종, 실기 2종).

제4장

금계 황준량, 그는 누구인가

금계는 1563년(명종 18) 성주목사로 재직하던 중에 병이 나서 사직하고 풍기의 고향집으로 서둘러 돌아오고 있었다. 한식이라 퇴계는 안동 선영에 성묘를 하고 나서, 용궁 대죽大竹, 지금의 경상북도 예천군 지보면 대죽리에 있는 외조부 묘소에 성묘를 한 뒤, 예천 고평高坪, 지금의 경상북도 예천군 예천읍 고평리에 사는 누님을 찾아보려고 풍산에 나와 있었다.

퇴계는 이곳 풍산에서 금계의 행차가 용궁 가까운 곳에 도착했다는 말을 듣고 다시 편지를 보냈다. 금계가 병이 났다는 소식을 들은 뒤로 두 번째 보내는 편지였다. 퇴계는 이 편지를 금계를 보러 급히 달려가는 제자 파산巴山 류중엄柳仲淹(1538-1571) 편에 보냈다. 류중엄은 금계의 처조카사위이고, 또 금계의 권유로 성주에서 금계와 함께 『회암서절요』(『주자서절요』)를 같이 읽은 적이 있을 정도로 학문적으로도 서로 깊이 통하는 사이였다. 특히 류중엄은 의약醫藥에 정통하였기 때문에 병든 금계를 살피러 급히 달려가는 길이었다.

퇴계는 이 편지에서 용궁 가까운 곳에 도착했다는 소식을 들으니 너무도 기쁘다고 하고는, 예천 등지에서 만나고 싶지만 자신도 병중에 길을 나선 것이라 밖에 오래 머물 수 없는 형편이므로 서로 약속해서 만나기 어려우니 참으로 한스럽고 미안하다고 하였다. 그런 다음 이어서 고향집으로 잘 돌아가 속히 쾌차해서 자신이 있는 도산이나 금계의 처가 분천汾川, 지금의 경상북도 안동시 도산면 분천리 부내마을에서 만나기를 소망한다고 하였다.

퇴계가 예천 등지에서 약속해서 만나기 어렵다고 한 것은 자신의 병 때문만은 아니었다. 봄장마로 연일 비가 계속 내리는 바람에 내성천과 낙동강이 범람하여 길을 다니기가 어려운 형편이었다. 그래서 서로 만나기 위해 병 때문에 풍기의 고향집으로 서둘러 돌아가고 있는 금계의 행차를 지체시킬 수도 없고, 또 고령인 자신도 봄장마 속에 계속 밖에서 머물며 금계의 행차를 뒤쫓아 이동하기가 몹시 어려웠을 것이다. 한편으로는 금계의 병이 그토록 깊은 줄은 미처 생각하지 못했을 것이다.

조선시대 용궁현, 지금의 경상북도 예천군 용궁면 향석리에 치소治所를 두었던 용궁현은 '용궁龍宮'이라는 말 그대로 내성천과 낙동강이 사방을 빙 두른 한가운데 위치한 물속 나라였다. 따라서 장마로 내성천과 낙동강이 범람하게 되면, 평소 빤히 바라다보이는 가까운 데 있는 물 건너편 지역으로의 이동도 거의 어렵게 되고 만다. 풍산에 나와 있던 퇴계는 풍산에서 가깝고 또 중간에 물로 막히는 곳이 없는 대죽의 외조부 묘소에는 성묘할 수 있었지만, 연일 내리는 비로 물이 불어 고평에 사는 누님을 만나러 가는 길이 그만 막히고 말았다. 그래서 배를 타고 딴 곳으로 돌아서 간신히 고평에 사는 누님을 만나고 집으로 돌아왔다.

퇴계는 이 편지를 보낸 뒤 대죽의 외조부 묘소에 성묘하고 고평에 사는 누님 댁으로 가는 길에 용궁현에 잠깐 들러 다시 금계에게 편지를 보냈다. 퇴계의 이 편지는 현재 남아 있지는 않다. 그러나 이 편지는 퇴계가 제자 금계에게 보낸 마지막 편지가 되고

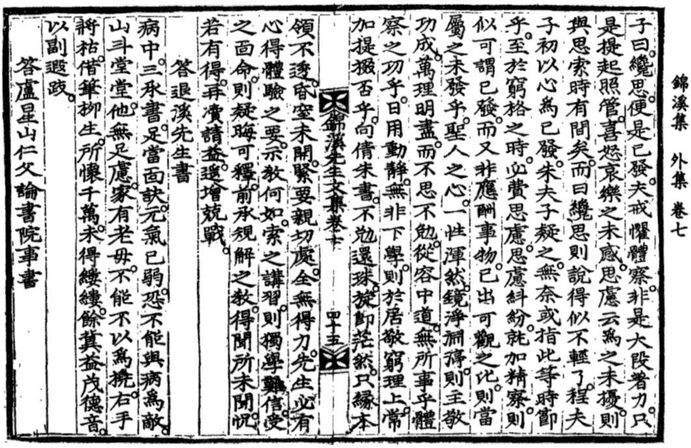
錦溪集 外集 卷七

子曰。纔思便是已發。夫戒懼體察。非是大段著力。只是提起照管。喜怒哀樂之未感。思慮云爲之未擾。則與思索時有間矣。而曰纔思則說得似不輕了。程夫子初以心爲已發。朱夫子疑之。無奈或指此等時節乎。至於窮格之時。必費思慮。思慮糾紛。就加精察。則似可謂已發。而又非應酬事物。已出可觀之比。則當屬之未發乎。聖人之心。一性渾然。鏡淨澗渟。則主敬功成。萬理明盡。而不思不勉。從容中道。無所事乎體察之功乎。日用動靜。無非下學。則於居敬窮理上。常加提撕否乎。向倩朱書。不勉還珠。擬節茫然。只緣本

錦溪先生文集卷七 四十五

領不透。昏窒未開。緊要親切處。全無得力。先生必有心得體驗之要。示教何如。索之講習。則獨學難信。受之面命。則疑晦可釋。前承規解之教。得聞所未聞。恍若有得。再瀆請益。逞增兢戰。

答退溪先生書

病中三承書。足當面訣。元氣已弱。恐不能與病爲敵。山斗堂堂。他無足慮。家有老母。不能不以爲撓。右手將枯。借筆柳生。所懷千萬。未得縷縷。餘冀益茂德音。以副遐跂。

答盧星山仁父論書院事書

『금계집외집』(한국고전번역원 제공)

말았다. 그리고 퇴계의 이 편지에 대한 금계의 답장은 그가 생전에 스승 퇴계에게 올린 마지막 영결의 편지가 되고 말았다. 임종하기 하루 전인 3월 10일 밤, 예천 객사에 머물고 있던 금계는 이때 이미 병이 너무 깊어져서 더 이상 지탱하기가 어려운 형편이었다. 오른손이 마비되고 있어서 곁에서 자신을 지키고 있던 처조카사위 류중엄에게 대신 답장을 쓰게 하였다.

병중에 세 차례나 보내 주신 편지를 받고 보니 마지막으로 얼굴을 뵙고 영결한 것과 다름이 없습니다. 원기가 이미 약해져서 더 이상 병을 대적할 수 없습니다. 스승님은 당당하시니 다른 염려가 없지만, 집에 노모가 계시니 마음이 너무도 심란합니다. 오른손이 마비되고 있어서 류생柳生(柳仲淹)에게 대신 쓰게 하느라, 소회는 천 가지 만 가지이지만 하나하나 낱낱이 말씀드리지 못합니다. 나머지는 덕음을 더욱 성하게 하여 멀리서 우러르는 저의 뜻에 부응해 주시기를 소망합니다.

『금계집외집』 권7 「퇴계선생에게 답하는 편지[答退溪先生書]」

이것이 제자 금계가 스승 퇴계에게 남긴 마지막 말이었다. 3월 11일 금계는 풍기의 고향집으로 돌아가지 못한 채 예천 객사에서 세상을 떠나고 말았다. 47세 장년의 한창 활동할 나이에 자신이 품었던 뜻을 제대로 펴 보지 못한 채 세상을 떠난 것이다. 이 소식을 들은 퇴계는 너무도 슬픈 나머지 만사를 짓고 또 제문을 2편이나 써서 그 죽음을 애도하였고, 드물게도 스승이 제자의 행장을 지어 그 일생을 기렸다. 그런 다음 그 문집을 교열해서 간행하게 하고, 또 그가 벼슬에서 물러나 학문을 닦으면서 지내려고 지었던 금양정사의 수호에도 각별히 신경을 썼다. 스승이었지만 나중에 죽을 사람으로 먼저 죽은 제자의 사후 일을 하나하나 수습한 것이다.

금계는 그의 일생 행적과 남겨 놓은 문집을 살펴볼 때, 지방 수령으로서 정사와 교육에 치적을 남긴 관료, 그리고 1,000수 가까운 많은 한시를 남긴 시인으로 파악된다. 관료와 문인, 조선시대 과거시험을 통해 벼슬을 한 대부분의 사람들을 지칭하는 관료문인으로 파악된다. 이것만이 전부였다면, 아무리 자신과의 인간적인 관계가 친밀하다고 해도 퇴계는 행장을 짓지 않았을 것이다. 퇴계는 금계가 자신이 지향하던 학문의 길, 곧 주자학의 세계로 깊숙이 들어섰기 때문에 행장을 지어서 그의 일생을 기리고, 또 그의 너무 급작스러운 죽음을 몹시 애통해 했던 것이다. 이와 같은 사실은 퇴계의 또 다른 제자 류운룡이 풍기군수로 재직하던 1595년(선조 28) 퇴계의 「금양정사완호기문」 뒤에 붙인 「금양정사완문발」의 다음 말을 통해서도 확인할 수 있다.

> 금계 선생은 퇴계 선생의 문하에서 학문을 익히며 만년에 공력을 쏟은 것이 가장 친절하였다. 만일 하늘이 선생에게 수명을 좀 더 연장해 주었다면, 나는 퇴계 선생의 학문이 의심할 여지 없이 선생에게 이어졌을 것임을 잘 알 수 있겠다. 그러나 불행하게도 일찍 세상을 떠나자, 퇴계 선생은 공자가 수제자 안회를 잃었을 때와 같이 "아, 하늘이 나를 망치는구나."라고 거듭 탄식하였으니, 그 애통하고 안타까운 마음이 어찌 다함이 있었겠는가.
>
> 『겸암집』 권5

『퇴계집』에는 금계와 주고받은 한시 100여 수가 실려 있다. 그것은 퇴계가 금계 행장에서 밝힌 그대로, 금계와의 만남이 금계의 처조부 농암聾巖 이현보李賢輔(1467-1555)를 맹주로 하는 분강시사汾江詩社의 동인으로 시작되어 평생 그 관계가 지속되었기 때문이다. 이와 함께 『퇴계집』 내집에는 퇴계가 금계에게 보낸 서간이 권19-20의 2권에 53통이나 선별되어 실려 있다. 그 외 『퇴계속집』과 초고본 문집 등에 실린 것까지 합치면, 퇴계가 금계에게 보낸 서간은 현재 87통이 전하는 것으로 확인된다.

퇴계는 서간으로 당대 지성계의 많은 인사들과 정치적·학문적인 문제를 논의하였다. 그중 제자들에게 보낸 서간은 주자학의 학문적인 문제를 논의한 내용이 중심이 되어 있고, 또 그 비중을 기준으로 순서대로 편집해 놓았다. 말하자면 퇴계학파 내에서 제자들의 학문적 위상에 따라서 순서를 잡아서 편집해 놓은 것이다. 그 순서는 퇴계와 사단칠정논변을 행한 고봉高峯 기대승奇大升(1527–1572)이 수제자로 첫 번째에 올라 있고, 바로 다음에 두 번째로 금계가 올라 있다. 『퇴계집』은 퇴계의 제자들이 그 편집 지침을 서로 합의해서 편찬한 것이므로, 퇴계의 제자들 대까지는 금계의 학자적·학문적 위상이 굳건했을 것임을 미루어 짐작해 볼 수 있다. 이 점을 깊이 고려해서 금계의 인간상을 퇴계와의 관계 속에서 그려 볼 것이다.

금계 황준량,
그는 누구인가

1 얼음 언 남한강을 썰매로 달리다

이성과 썰매를 타다[與而盛乘雪馬] 제1수, 제4수, 제7수

언 강에서 썰매 타고 상류로 올라가며,	乘榻氷江泝上游
요대라 선계에서 신선놀이 한다오.	瑤臺玉局做仙遊
하늘 살핀 태사는 이제는 알았는가.	占天太史今知否
성사가 두우 범했다고 아뢰어야 하리라.	應奏星槎犯斗牛

바람이 눈 쓸어가 하늘이 개고 나니,	風掃鵝毛玉宇晴
찬 구름이 때때로 돌 틈에서 생겨나네.	凍雲時自石間生
얼음 언 강 십 리는 손바닥처럼 평평하고,	氷江十里平如掌
멀리서 삐걱대는 썰매 소리 들린다오.	咿軋遙聞雪馬鳴

두꺼운 얼음 해 비치니 비낀 강은 옥이어라. 層氷耀日橫江玉
회풍에 구름 일며 가벼운 눈발 날린다오. 輕雪回風驀地雲
작은 창을 마주하고 시 읊고 술 마시니, 吟對小窓傾臘味
매화 곁엔 봄빛이 삼분이나 이르렀네. 梅邊春色已三分

『금계집외집』 권5

이 시 제목에서 말하는 이성而盛은 단양의 구담봉龜潭峯 아래에 은거해서 지내던 당대의 명사 성암省菴 이지번李之蕃(?-1575)의 자이다. 이지번은 을사사화 이후 명종의 외숙으로 권력을 휘두르던 윤원형尹元衡이 당시 신동으로 소문난 아들 아계鵝溪 이산해李山海(1539-1609)를 사위로 삼으려고 하자, 벼슬을 버리고 아우 토정土亭 이지함李之菡(1517-1578)과 함께 단양으로 내려와 구담봉 아래에 은거하였다. 칡넝쿨로 큰 줄을 만들어 구담봉 양안에다 매고, 그 줄에 날아다니는 학 모양의 기구를 매달아 타고 왕래하니, 사람들이 신선이라고 일컬었다고 한다. 이 시에서 말하고 있는 남한강이 꽁꽁 얼고 눈이 내리는 날 금계와 함께 썰매를 탔던 일도 그의 많은 기행奇行 중 하나이다. 그 기질과 성격이 금계와 서로 통해서 의기투합했던 것이다.

퇴계는 금계 행장에서 이 사실을 가지고 금계의 기질과 성격을 "평소 아름다운 산수를 좋아하여 지나는 곳이나 머무는 곳에 이름나고 운치 있는 산수가 있으면, 반드시 사람을 불러 함께 찾아가거나 혹 혼자 찾아가기도 하였고, 찾아가게 되면 거닐고 시를 읊조리면서 저녁이 되어도 돌아오기를 잊었다. 단양의 도담과

도담삼봉

구담에서는 은사 이지번을 주인으로 삼아 마음껏 노닐며 즐겼다. 자못 기행을 숭상하는 호사가였는데, 얼음이 언 강에서 썰매 타는 놀이를 더욱 좋아하였다. 한번은 겨울에 남한강에 얼음이 꽁꽁 얼자 충주에서 강을 따라 길을 잡고는, 썰매를 타고 사람이 끌도록 하여 미끄럼을 타고 올라와 이지번 군을 만나고 단양군에 도착해서 말하기를 '쾌적함이 비할 데가 없다.'고 하였으니, 그 소탈한 운치가 대개 이와 같았다."라고 하였다. 금계가 기행을 숭상하는 호사가임을 인정하면서도 그 소탈한 기질과 성격을 아꼈기 때문에 이렇게 행장에다 특서한 것이다.

후대에 퇴계에 대한 인물평을 할 때 '진밀縝密'하다는 말을 많이 한다. 진밀하다는 것은 기질과 성격이 차분하고 치밀하다는 말이다. 이에 비해 얼음이 꽁꽁 언 남한강을 썰매를 타고 달린 금계나 이지번의 기질과 성격을 염두에 두고 인물평을 한다면, 진밀과는 상반되는 '호방豪放'이 적절할 것이다. 호방하다는 것은 호기롭고 거칠 것이 없다는 말이다. 퇴계는 특히 이와 같은 기질과 성격을 가진 사람들과 친밀한 관계를 오래도록 유지하였다. 이지번도 금계보다 앞서 퇴계와 먼저 친밀하게 지내던 사람이었다. 퇴계가 서울에서 친밀하게 사귀던 석천石川 임억령林億齡(1496–1568), 금호錦湖 임형수林亨秀(1514–1547), 치재恥齋 홍인후洪仁祐(1515–1554) 등은 모두 금계나 이지번처럼 호방한 기질과 성격을 가진 사람들이었다. 기행을 숭상하는 이들에 대한 퇴계의 우호적인 태도는, 산림에 은거해서 고된 수련을 행하던 남명南冥 조식曺植(1501–1572)을 비롯한 일군의 산림처사山林處士에 대해서 강하게 비판했던 것과 묘한 대조를 보인다.

대한제국 말기의 대표시인 창강滄江 김택영金澤榮(1850–1927)은 한 시(「증이사마贈李司馬」)에서 다음과 같이 말하였다.

시인으로 옛날의 이백과 두보는,	詩人古李杜
둘의 정이 지란과 꼭 같아서,	兩情如芝蘭
서로 극히 다른 것을 모두 잊고서,	忘其極相異
서로 지극히 기뻐하는 것으로 사귀었다오.	結以極相歡

『소호당시집』 권4

당唐나라 시인 이백李白(710–762)과 두보杜甫(712–770)는 서로 기질과 성격이 상반되지만, 서로 극히 다른 점을 모두 잊고서 상대방을 지극히 좋아하는 마음으로 사귀었다고 하였다. 지란芝蘭은 지초와 난초이다. 『공자가어』에 "착한 사람과 함께 지내면 마치 지란이 있는 방에 들어간 것과 같아서, 그 향기는 못 맡더라도 오래 지나면 동화된다[與善人居, 如入芝蘭之室, 久而不聞其香, 卽與之化矣]."라고 하였다. 지초와 난초처럼 자기도 모르는 사이에 그 영향으로 서로 동화된다는 것이다. 퇴계는 자신의 기질이나 성격과는 상반된 호방한 기질과 성격을 가진, 벼슬이나 세상의 굴레에서 벗어나 산수자연 속에서 인생의 자유를 구가하는 영혼을 좋아하였던 것이다. 이와 반대로 금계는 퇴계의 차분하고 치밀한 기질과 성격을 좋아해서 서로가 서로에게 영향을 주면서 동화되어 갔던 것이다.

벼슬이나 세상의 굴레를 벗어나 산수자연 속에서 인생의 자유를 구가한 인물로 멀리는 도연명陶淵明(365–427)이 있었다. 그리고 금계와 퇴계 가까이에는 금계의 처조부이자 퇴계의 고향 선배 이현보가 있었다. 이현보가 사화의 혼란기를 지방고을 수령 등 외직으로 돌면서 잘 넘긴 다음, 만년에 벼슬에서 물러나 산수자연 속에서 누린 즐거움을 강호지락江湖之樂이라고 하는데, 퇴계는 이현보가 자신에게 준 것이 바로 이 강호지락이라고 하였다. 이현보의 강호지락은 그를 맹주로 해서 결성된 분강시사를 중심으로 전개되었고, 나아가 그곳에 참여한 동인들의 인생이상人生理想

이 되었다. 그 동인들 중 이현보의 사랑을 가장 많이 받은 사람은 당연히 금계와 퇴계였다. 그 때문에 금계와 퇴계는 그 과정에 서로 많은 시를 주고받으면서 활발한 교류를 하였다. 이현보 사후에 금계는 퇴계가 기질과 성격, 나아가 뜻이 맞는 벗들과 결성한 시사詩社에 자연스럽게 참여해서 퇴계를 포함한 그 동인들과도 활발하게 시를 주고받으며 교류하였다.

조선시대에 한시는 선비들의 교양 그 이상의 것이었다. 시를 잘 지어야 과거시험에 급제해서 벼슬길에 나아갈 수 있었기 때문에 선비들은 시작 공부에 특별히 힘을 쏟았다. 이와 같은 공용적인 목적 외에도 시는 선비들이 서로 인간적인 교류를 하는 데 중요한 수단이 되었다. 친한 사람들이 함께 시사를 결성해서 서로 시를 주고받는 일, 한쪽에서 서간을 보내면 다른 한쪽에서 그에 답장을 하는 것처럼 서로 상대방의 시를 화차운和次韻하는 일이 크게 성행하였다. 나아가 『시경』 시대의 시언지詩言志의 전통, 시를 가지고 자기의 진심을 표현하는 오랜 전통을 이어받아 자기의 진심을 시로 표현하고 그에 대한 진정 어린 답을 시로 하는 일이 일반화되었다. 조선시대 선비들의 문집에 다른 사람의 시에 화차운한 작품이나 같은 운자로 함께 지은 작품이 많은 것도 이 때문이다.

응순에게 주어서 작별하다[贈別應順]

도 모른 채 늙어 버린 나 자신이 가련하나, 昧道龍鍾我可吁
그대 지금 젊은 나이 공부 소홀하지 마소. 君今年少莫功疎

상수를 궁구해서 묘한 경지 알았어도,	來窮象數雖臻妙
궁장에 들어가선 허사될까 두려워라.	去入宮牆恐落虛
모든 성인 원류 찾는 정주의 학문이고,	千聖源流閩洛學
육경으로 올라가는 공자 맹자 서책이라.	六經堦級魯鄒書
애당초 이 일이란 뛰어넘기 어려우니,	由來此事難容躐
만 리 길 가는 것도 한 걸음부터 시작되네.	萬里行從一步初

『퇴계집』 권2

이 시는 1556년(명종 11) 퇴계가 자신을 찾아왔다가 돌아가는 주은酒隱 김명원金命元(1534-1602)에게 준 작품이다. 김명원은 퇴계를 찾아와서 제자로 받아 주고, 또 『주역』을 가르쳐 달라고 청하였다. 그 뜻을 시로 지어서 퇴계에게 제자의 예를 갖추는 폐백幣帛과 함께 올렸기 때문에 퇴계도 그에게 시로 답변한 것이다. 조선시대 시가 선비들 사이에 자기의 진심을 표현하는 중요한 수단이었음을 보여 주는 한 실례가 되기에 들어 본 것이다. 이처럼 시가 과거시험뿐만 아니라 선비들의 인간적인 교류, 그 진심의 교류에 중요했기 때문에 퇴계는 제자들에게 시작 공부의 필요성을 몹시 강조하였다. 특별한 일이나 행사가 있을 때마다 시를 짓도록 요구하였고, 또 제자들이 지은 시들을 일일이 평한 다음 그 작품에 차운하였다.

금계가 언제 영천이씨永川李氏와 혼인했는지는 따로 기록이 남아 있는 것이 없어서, 금계가 퇴계를 처음 만난 것이 언제인지는 정확하게 알 수 없다. 그러나 금계의 처조부 이현보가 1543년(중종

38)에 지은 「영지정사靈芝精舍」(『농암집』 권1) 시서詩序에서 자신이 지은 이 시를 손녀사위 금계에게 차운하게 하고, 퇴계 형제에게도 부친다는 말이 나오는 것을 볼 때, 금계 17세 때인 이 무렵에 금계는 영천이씨와 이미 혼인을 하였고, 또 퇴계와의 관계도 시작되었음을 알 수 있다. 이현보가 맹주로 있는 분강시사의 동인으로 처음 만남이 시작된 것이다. 시를 서로 주고받으면서 인간적인 교류를 깊게 하다가, 둘 사이에 서간 왕래가 본격적으로 시작되는 1552년(명종 7)경에는 스승과 제자 사이로 전환되어 함께 학문의 길을 걸어간 것이다.

서로 시를 주고받으면서 인간적인 교류를 깊게 하다가 자연스럽게 사제의 관계로 발전한 경우는 퇴계 제자 중에서 금계가 거의 유일하지 않을까 한다. 그러나 금계는 서울이 아닌 신녕, 단양, 성주 등 지방수령으로 벼슬살이를 하고 있었기 때문에 서로 멀리 떨어져서 인편을 통해 서간과 시를 주고받으면서 교류하였다. 그때 활용된 것이 시통詩筒이다. 시통은 굵은 대나무를 잘라 통으로 만들어 그 속에다 서간과 시 등을 담는 것이다. 이것을 최초로 만든 사람이 금계인데, 그는 이 시통에다 서간과 시, 그리고 다른 중요한 문적 등을 담아 인편에 보내 중간에 유실되는 것을 방지하였다. 그것을 서간통書簡筒이나 그 외의 말로 이름 붙여 부르지 않고, 시통이라고 하여 운치 있게 부른 것이다. 나중에는 퇴계가 제자들과 시와 서간 등을 주고받을 때 널리 활용하였다.

금계 황준량,
그는 누구인가

2 단양고을의 부역과 세금을 면제해 주소서

성전이 한번은 단양을 지나다가 한 노인을 만나서 지금까지의 고을 수령들 중 누가 가장 정치를 잘했느냐고 물으니, 그 노인은 금계라고 대답하였다.

성전이 "그가 제일 잘한 사람인가요?"라고 물으니, 그 노인이 "이공이 제일 잘했습니다."라고 하였다.

성전이 "그런데 어째서 아까는 금계라고 했소."라고 하니, 그가 "황공은 최근 사람이고, 또 그는 나라에 글을 올려 부역을 면제해 준 일이 있기 때문입니다. 그러나 이공은 이곳에 와서 오래 있지 않았고 나라에 건의한 일은 없었지만, 그의 모든 행동이 사람의 마음을 감복시켜 지금까지도 그를 사모해서 잊지 못합니다."라고 하였다.

『퇴계언행록』에 실려 있는 단양군수 시절 금계와 관련된 일화이다. 퇴계의 제자 추연秋淵 우성전禹性傳(1524-1593)이 기록한 것이

금계 황준량 선정비

단양향교

다. 퇴계를 중심으로 서술된 것이기는 하지만, 이 기록을 통해 당시 금계는 유능한 지방수령으로 널리 백성들의 사랑을 받고 있었음을 알 수 있다. 그 이유는 금계가 단양군수로 재직할 때 목민관으로 큰 치적을 남겼기 때문이다.

금계는 1551년(명종 6) 2월 경상도 감군어사에 임명되어 경상도 지방을 순행하고 서울로 돌아와 승문원검교가 되었다가, 6월에는 다시 추생어사가 되어 민정을 살피기 위해 지방으로 나갔다. 7월 서울로 돌아와서는 예조좌랑에 임명되었고, 9월에는 사헌부지평에 임명되었다. 중앙관료로 남아 청요직淸要職으로 진출할 수 있는 좋은 기회가 왔던 것이다. 그러나 전에 그에게 청탁했다가 거절당한 적이 있는 언관이 성질이 안정되지 못하고 또 비판적인 여론이 있다는 이유로 탄핵하여 체직되었다. 부모의 봉양을 위해 외직을 자청하여 신녕현감으로 나아가서 기민을 구제하는 정사를 펴고, 전임관의 부채를 절약과 긴축으로 보충하는 등 재정을 잘 운용하여 부채문권을 모두 불태울 수 있었다고 한다. 이때 금계는 처조부 이현보가 그렇게 했던 예를 따랐던 것으로 보인다. 향교의 문묘를 수축하고 백학서당을 창설하는 등 많은 치적을 남기고 1556년(명종 11) 병으로 벼슬을 그만두고 고향으로 돌아왔다가, 1557년(명종 12) 봄 조정에서 피폐한 단양고을을 살릴 적임자로 선발되어 단양군수가 되었다.

금계는 중앙의 시종신侍從臣에서 지방의 작은 고을 수령이 되어서도 그 자리를 낮고 하찮게 여기지 않고 늘 정사를 돌보는 데 혼신의 힘을 다하였다. 그는 유능한 수령으로 행정능력이 뛰어났고, 관료로서의 원칙에도 철저하였다. 늘 「거관사잠居官四箴」(『금계집 외집』 권8)에서 밝힌 네 가지 잠언을 좌우명처럼 가지고 벼슬살이, 특히 지방고을 수령으로서의 직분을 행하였다. 그 네 가지 원칙은 '청렴의 원칙을 지킴[持己以廉]', '어진 마음으로 백성을 다스림[臨民以仁]', '공정한 마음을 지님[存心以公]', '부지런히 직무에 임함[莅事以勤]'이다. 그러나 당시 단양고을은 그의 뛰어난 행정능력이나 관료로서의 철저한 원칙만으로는 근본적으로 해결할 수 없는 심각한 문제를 안고 있었다.

금계가 단양군수로 부임할 때 단양의 형편은 "부역을 감당하기에 지친 민호가 40호도 되지 않고, 등록된 경지가 300결에 미치지 못하며, 잡곡뿐인 환곡이 4,000석이지만 빌려줬다가 받지 못한 것이 절반인데도 받을 근거도 남아 있지 않은 상태"였다. 단양의 경제적 토대가 완전히 무너져 있었던 것이다. 금계는 이렇게 단양의 경제적 토대가 완전히 무너진 것은 "10년 이래 홍수와 가뭄이 더하고 전염병이 이어지고 부역 때문에 재물이 손상된 탓"이라고 진단하였다. 금계는 군수로 부임해서 처음 보게 된 단양의 모습을 다음과 같이 시로 읊고 있다.

단양의 시름[丹山憂]

예로부터 단양은 세상에서 빼어난 곳,	從古丹丘擅世間
이제 다스릴 생각하니 곤란할까 외려 걱정.	到今料理轉愁難
9할은 텅 빈 마을 조세 거둘 여지 없고,	九空閭井征無地
반쯤 죽은 지친 몸 부역도 겨를 없네.	半死疲癃役未閑
벼슬살이 참된 은일에 방해될까 두렵고,	綰綬恐妨眞隱逸
시 미루니 좋은 강산 저버린 게 부끄럽네.	逋詩慙負好江山
뉘 말했나, 선경에서 벼슬살이 즐겁다고.	誰言仙境官居樂
기쁜 얼굴 못 짓고 머리 이미 희끗희끗.	歡未形顔鬢已斑

『금계집내집』 권2

제목 아래에 "처음 단양에 도착했더니 백성들이 거친 들판에 떠돌고 있었다."라는 주석이 달려 있다. 금계는 1557년(명종 12) 3월 단양에 부임해서 두 달 정도 고을을 돌아본 다음, 경제적인 토대가 완전히 무너진 상황을 수습하기 위해서는 임금의 특별한 은전恩典이 필요하다고 판단하였다. 수령의 역량만으로는 불가능하다는 전제 하에 금계는 5,000자에 달하는 장문의 「단양진폐소丹陽陳弊疏」(『금계집외집』 권7)를 올려 단양 경내의 피폐상을 극론하였다. 이 상소문은 그 전문이 실록에도 수록되어 있는데, 사관은 "황준량의 상·중·하 세 가지 계책과 열 개 조항의 폐단은 곡진하고 절실하다고 할 만하다. 백성들의 곤궁한 상황과 수령들의 괴로운 정상을 상소 한 장으로 극진하게 진달하였으니, 조금이라도 어진 마음이 있는 사람이라면 다 읽기도 전에 목이 메게 될 것이다."라고 논평하였다.

금계는 「단양진폐소」에서 단양의 묵은 폐단을 해결하기 위한 세 가지 대책을 내놓았다. 상책은 앞으로 10년간 단양의 토지와 개인에게 매기던 부세賦稅 일체를 면제시키자는 것이다. 중책은 단양군을 속현으로 만들어 큰 고을에 합치자는 것이다. 하책은 특히 폐단이 큰 재목材木, 종이, 산행山行, 야장冶匠, 악공樂工, 보병步兵, 기인其人, 피물皮物, 이정移定, 약재藥材의 열 가지 공납을 완전히 없애거나 일정 기간 면제해 주는 것이다.

이 상소문이 올라가자 명종 임금은 "이제 상소 내용을 보건대, 열 개 조항의 폐단을 진달하여 논한 것이 나라를 걱정하고 임금을 사랑하고 백성을 위하는 정성이 아닌 것이 없으니, 내가 아름답게 여긴다."라고 하였다. 그리고 열흘 뒤에 금계가 상소문에서 제시한 상·중·하 세 가지 계책 중 상책이 받아들여져 단양은 10년간 일체의 부세를 면제받게 되었다. 이 상소문으로 금계는 큰 명성을 얻고 훌륭한 지방관의 본보기가 되었다. 금계는 특히 논사論事에 뛰어나서 문장을 잘 쓴 것으로 알려져 있다. 심혈을 기울여 쓴 설득력 있는 문장으로 임금만이 아니라, 조정의 많은 관료들의 동의를 이끌어 낸 것이다. 퇴계도 금계가 문장을 잘하는 것을 생전에는 몰랐다가, 사후 『금계집』을 교열하면서 그 문장의 훌륭함에 감탄하면서, 시만이 아니라 문장도 이렇게 훌륭한 줄 몰랐다고 할 정도였다.

이 소식을 접한 퇴계는 "편지를 받고서 임금이 피어린 정성을 칭찬하시어 큰 은혜의 보살핌을 얻게 되었음을 알게 되었습니다. 이로부터 피폐한 데에서 떨쳐 일어날 수 있을 뿐만 아니라 낙토가 될 것입니다. 한 고을이 길이 그대의 덕을 입게 되었으니, 그 기쁨을 어찌 말로 할 수 있겠습니까. 그대와 백성들에게 깊은 위로와 축하를 드립니다. 단양의 구담에 숨어 사는 이지번 같은 사람도 분명히 쟁기 메고 바삐 달려올 것 같고, 늙고 병든 저 같은 사람도 펄쩍 뛰면서 단양 들판에서 농사짓기를 바랄 것 같습니다."(『퇴계집』 권19 「황중거에게 답함[答黃仲擧]」)라는 내용의 축하편지를 보냈다. 금계는 단양 백성들이 잔치를 열어 축하할 때, 다음과 같은 시를 지었다.

단양의 즐거움을 앞의 시에 차운하여 짓다[丹山樂 次前韻]

홍수 가뭄에 구사일생 살아난 백성들, 九死民生水火間
바다 같은 넓은 은혜 갚기가 어려우리. 汪恩如海欲酬難
바람에 날린 초가지붕 새로 이려 하고 있고, 風茅破屋方謀蓋
가시 덮인 거친 밭은 이제 갈기 시작하네. 封棘荒田始闢閑
무리 떠난 기러기 떼 연못에 모여들 것이라, 鴻雁離群應集澤
길 막는 이리 떼는 산에서 몰아내야 하리. 豺狼當道要驅山
술로 서로 경하하며 하늘 해를 바라보니, 朋尊相慶看天日
가을이라 강가에는 들판 빛이 누렇구려. 江上秋高野色斑

『금계집내집』 권2

단양 사람들이 삶을 즐거워할 생업이 있게 됨을 기뻐서 보며 금화수의 시에 차운하다[喜見丹丘人有樂生之業 次和受]

백성의 피폐 호소하여 임금님께 아뢨더니, 籲天民瘼徹宸旒
우로 같은 큰 은혜가 한 고을을 적셨다오. 雨露鴻私沐一區
척박한 땅 조세 부역 옛날과 달라졌고, 剝地征徭非舊日
황무지의 벼와 기장 새 가을을 맞고 있네. 荒田禾黍有新秋
거처를 염려해서 지붕 이미 이고 있고, 懷居已見茅升屋
가축 번식 해 보지만 한량없진 않으리라. 繁蓄難期谷量牛
학문 닦고 잘 다스려 십 년을 보낸다면, 治學烹鮮經十載
백성들 안돈시켜 수령의 소임 다할지. 可能安集答分憂

『금계집내집』 권2

앞의 시는 위에서 든 「단양의 시름[丹山憂]」을 차운한 것이다. 그 제목 아래에는 "임금님의 은혜로운 전교가 한 차례 내려오자 백성들은 생기가 돌게 되었다."라는 주석이 달려 있고, 시 끝에는 "온 고을에서 잔치를 열어 다시 살아난 기쁨을 축하하였기 때문에 말한 것이다."라는 주석이 달려 있다. 10년간 부세를 면제받게 되었다는 소식을 듣고 축하하는 잔치자리에서 지은 것임을 알 수 있다. 뒤의 시 제목의 화수和受는 단양에 살면서 금계와 친밀하게 지내던 금응빈琴應賓의 자이다. 특히 뒤의 시 제7-8구에서는 "학문 닦고 잘 다스려 십 년을 보낸다면, 백성들 안돈시켜 수령의 소임 다할지[治學烹鮮經十載, 可能安集答分憂]."라고 한 것처럼 금계는 고을을 다스리는 여가에 자신의 학문을 닦아 나가면서 지방교육의 진흥에도 힘을 쏟았다.

3 학교 교육의 진흥에 힘을 쏟다

광양현감으로 부임하는 조선경을 전송하며[送曺善卿赴光陽倅]

젊은 날 급제하여 함께 벼슬한 게 기뻤는데,	青春丹桂喜聯簪
동고동락 십 년 세월 이젠 소식 멀어지리.	十載悲歡隔玉音
현감 되어 바람 타고 호남으로 떠나가고,	風颺雙鳧湖外去
천 리 길 달 밝을 때 꿈속에서 찾아가리.	月明千里夢中尋
작은 고을 다스림에 언유의 솜씨 시험하고,	割鷄可試言游手
좋은 계책 내어 복자천의 거문고 연주하리.	謀野應彈宓賤琴
경세제민하는 것은 남아의 평생 사업이니,	經濟平生男子事
먼 변방일지라도 초심 족히 펼 만하리.	褊方猶足展初心

『금계집외집』 권2

이 시는 금계가 광양현감으로 부임하는 조숙曹淑(1504-1582)을 전송하며 그에게 준 작품이다. 조선경은 조숙을 말한다. 선경은 그의 자이다. 하서河西 김인후金麟厚(1510-1560)의 제자이고, 금계와는 대과 과거시험에서 동방 급제를 하였다.

공자孔子는 "정사로 인도하고 형벌로 가지런히 하면 백성들이 죄를 면하기만 할 뿐 부끄러움이 없게 된다. 덕으로 인도하고 예악으로 가지런히 하면 백성들이 부끄러움을 알고 또 선에 나아가게 된다."라고 하여 정사나 형벌보다는 도덕이나 예악으로 백성을 다스릴 것을 강조하였다. 언유言游는 공자의 제자 언언言偃(子游)이다. 그가 무성武城 읍재로 재직할 때 예악으로 백성을 다스려서 고을사람들이 모두 현악기를 타며 노래를 불렀다고 하는데, 공자가 그 소리를 듣고 기뻐하였다고 한다. 복자천宓子賤은 공자의 제자로 단보單父를 다스릴 때 거문고를 타며 당 아래로 내려오지 않았지만, 고을이 잘 다스려졌다고 할 정도로 예악으로 풍속을 교화시킨 인물이다. 모두 정사나 형벌보다는 도덕이나 예악으로 다스리는 것을 강조한 공자의 정신을 고을 수령으로 있으면서 정치 현장에서 실천한 사람들이다.

수령의 임무로 흔히 '수령칠사守令七事'를 말한다. 그것은 '농사와 양잠을 번성하게 하는 것[農桑盛]', '호구를 늘리는 것[户口增]', '교육진흥을 위해 학교를 많이 세우는 것[學校興]', '군사에 관한 행정을 잘 다스리는 것[軍政修]', '백성들에게 부역을 고르게 시키는 것[賦役均]', '신속하게 심의 판결해서 송사를 줄이는 것[詞訟簡]', '아전의 부정이나 횡포를 없애는 것[奸猾息]'의 일곱 가지이다. 이 중 교육을 위해 학교를 많이 세우는 것[學校興]은 정사나 형벌보다는 도덕이나 예악으로 백성을 다스리는 것을 이상으로 생각했던 공자의 정신, 정사나 형벌을 통한 강제적인 지배보다는 도덕이나 예악을 통해 자발적인 참여를 유도하는 공자의 정신을 그대로 계승한 것이다.

금계도 정사나 형벌보다 도덕이나 예악으로 백성을 다스리는 것을 이상으로 생각하는 공자의 정신을 적극 계승하고 있었다. 그래서 신녕현감으로 재직할 때는 향교의 문묘를 수축하고 백학서당을 창설하였다. 단양군수로 재직할 때는 「단양진폐소」를 올려 고을의 시급한 현안을 해결해서 10년간 부세를 면제받도록 조처한 뒤에는 곧바로 향교를 이전하는 공사를 하였다. 단양향교는 강가에 있어서 늘 수해를 입었고, 오랫동안 돌보지 않아 황폐한 상태였다. 금계는 단양관아 동쪽에 터를 구하고 유휴인력을 동원하여 새로 개간한 경작지에서 거둔 곡식으로 비용을 충당해서 몇 달 만에 공사를 마쳤다. 그런 다음 「단양향교중수기丹陽鄕校重修記」(『금계집내집』 권4)를 지어서 그 전말을 상세하게 기록하였다. 그리고 향교 문묘 서쪽에 작은 사당을 세워 고려 말의 학자 역동易東 우탁禹倬(1262-1342)의 위패를 모시고 제사를 받들도록 하였다. 이것은 예악으로 백성을 다스리는 유교적인 교화를 상징하는 조치였다. 한때 단양군수를 지낸 적이 있는 퇴계는 자신이 일찍이 하고자 했던 일이라고 하면서 기뻐하고, 자기 고향 예안에서 이제야 우탁을 제향하는 서원을 건립하는 일을 추진하고 있는데, 단양에서 금계가 그 일을 먼저 한 것에 관해서도 칭송을 아끼지 않았다.

금계는 1559년(명종 14) 여름 단양군수의 임기를 마치고 고향으로 돌아갔다. 단양고을 백성들은 그가 연임하게 해 줄 것을 청하였고, 그가 떠난 다음에는 선정비善政碑를 세워서 공덕을 기렸다. 『금계집』이 단양에서 처음 발간된 것도 군수로 재직하는 동안 금계가 끼친 은공 때문이었음은 위에서 이미 언급한 바 있다. 고향으로 돌아간 뒤 예조정랑과 병조정랑에 연달아 임명되었지만 나아가지 않았다. 금계는 단양군수로 재직하기 이전에 이미 고향 풍기 금선계곡 어귀에다 터를 잡고 금양정사를 짓고 있었다. 이곳으로 물러나 스승 퇴계처럼 학문 연구에 잠심潛心하고 싶었을 것이다. 그러나 고향으로 돌아간 지 1년 만인 1560년(명종 15) 가을 금계는 다시 성주목사에 임명되었다.

성주목사로 재직하는 동안 목민관으로서 금계의 가장 돋보이는 업적은 학교 교육의 진흥과 관련된 것이다. 금계는 성주에 부임해서 먼저 영봉서원迎鳳書院(川谷書院)을 증수하고, 또 향교의 문묘를 수리하였다. 영봉서원은 전임 목사 사인당四印堂 노경린盧慶麟(1516–1568)이 세운 것이다. 그곳에는 성주 출신으로 고려 말의 문신 이조년李兆年(1269–1343)과 그 손자 이인복李仁復(1308–1374), 그리고 성주가 처가인 한훤당寒暄堂 김굉필金宏弼(1454–1504)을 배향하였다. 그러나 건립 초기부터 위차位次 문제를 둘러싼 논란이 그치지 않아 결국에는 송사로 발전해서 영봉서원 정착에 큰 장애가 되었다. 금계는 영봉서원 건립 초기부터 퇴계, 그리고 노경린과 서간을 주고받아서 그 문제점을 잘 알고 있었다. 그러나 금계는 성주목사로 재임하는 기간 동안 이 문제를 근본적으로 해결할 수 없었다.

우리나라에서 서원의 건립과 운영은 초기부터 순탄하지 않았다. 우리나라 최초의 사액서원인 풍기의 소수서원紹修書院의 경우도 퇴계가 풍기군수를 그만두고 떠난 뒤 얼마 되지 않아 서원 유사 김중문金仲文과 서원 유생들이 서로 대립하다가 마침내 서원 유생들이 서원을 비우고 떠나는 일이 생겼다. 그리고 그 뒤 창건에 퇴계가 깊숙하게 개입한 영봉서원에서는 서원에 배향할 인물들의 위차 때문에 또 문제가 생긴 것이다. 퇴계의 제자 이정이 경주부윤으로 재직하면서 퇴계의 자문을 받아 창건한 서악정사西岳精舍(西岳書院)의 경우도 그 배향인물 자손들의 분쟁으로 창건 초기부터 정착에 어려움이 있었다.

퇴계가 주도한 서원 창설운동은 초기에 서원을 창건하는 각 고을의 사정에 따라 여러 문제가 발생하면서 정착에 많은 어려움이 있었다. 영봉서원의 경우 위차 문제가 정착에 큰 장애가 되었다면, 후일 퇴계가 발의하고 조목을 중심으로 한 예안 일원의 퇴계 제자들이 주동이 되어 퇴계의 고향 예안에다 창건한 역동서원易東書院의 경우는 퇴계의 향좌법鄕坐法과 관련한 향촌 내의 일반 행사와 서원 행사의 좌차坐次 때문에 낙성식을 앞두고 퇴계와 그 제자들 간의 대립이 심각하였다.

좌차는 행사에 참석한 사람들이 자리에 앉는 순서이다. 퇴계는 조정이 아닌 향촌 내 행사, 즉 향회鄕會라고 일컬어지는 향촌 내 행사의 좌차는 일찍부터 신분의 귀천이나 벼슬의 고하가 아닌 나이 순서로 정하는 것이 옛 법이므로 그렇게 해야 할 것을 주장하였다. 그리고 역동서원 낙성식 행사, 즉 원회院會라고 일컬어지는 서원의 행사도 향촌 내에 설립된 서원의 행사이므로 당연히 그 행사에서의 좌차는 신분의 귀천이나 벼슬의 고하가 아닌 나이 순서로 정해야 한다고 주장하였다. 퇴계의 이와 같은 주장에 대해 역동서원 창건의 주체였던 월천 조목을 비롯하여 예안 일원의 퇴계 제자들은 강력하게 반발하였다.

하루는 예안 오천烏川, 지금의 경상북도 안동시 와룡면 오천리 외내마을에 살던 후조당後凋堂 김부필金富弼(1516-1577), 읍청정挹淸亭 김부의金富儀(1525-1582), 설월당雪月堂 김부륜金富倫(1531-1598), 일휴당日休堂 금응협琴應夾(1526-1589), 면진재勉進齋 금응훈琴應壎(1540-1616)이 퇴계를 찾아와서 종일 논란을 하게 되었다. 이 자리에서 퇴계는 향촌 내 행사의 좌차를 신분의 귀천으로 정하는 것은 잘못이고 나이 순서로 정하는 것이 옛 법에 의거할 때 옳다고 하고, 김부필 등 제자들은 옛날과 지금이 다르니 그렇게 하기는 어렵다고 하여 종일토록 극론하였지만, 끝내 스승 퇴계의 말을 수긍하려 하지 않았다. 그러다가 돌아가는 길에야 김부필이 "선생은 태고를 논하시는데, 제자들은 말세를 말한다오. 서원의 규

此一節記先生飲食之節
先生居鄉賦役必先於人人皆效之
○先生甥辛弘祚訟于本縣令不相往來不通書札
其於太守亦如此其審嫌疑至此
○先生曰於長者之前稱我甚不穩當昔吳姓人每
自稱我時人目之曰吳我或者於長官前必稱小人
亦甚無理某之一生小人之言不掛于齒牙也弘問
然則凡自稱如何曰古人自稱必擧其名某於古人
無所得秪欲效此也
○烏川諸上舍金富弼富儀富倫琴應夾應壎佩酒
艮齋先生文集卷之六　十七
以謁先生先生論鄉坐分貴賤之非只當依古齒坐
金富弼曰古今殊異不可如是先生厲聲肅氣終日
極辨諸上舍略不回頭路呈一詩云先生太古論弟
子末世言書院規模定何須鄉坐分先生答趙振書
曰鄉黨序齒以年之長少爲坐次也若分貴賤則是
序爵也豈序齒之謂乎王制王太子王子羣后之太
子卿大夫元士之適子國之俊選皆造焉凡入學以
齒註云惟次長幼之序不分貴賤之等周禮黨正每
歲國索鬼神而祭祀則以禮屬民而飮酒于序以正
齒位一命齒于鄉里再命齒于父族三命不齒註齒
艮齋集　卷六

『간재집』「계산기선록」(한국고전번역원 제공)

모가 정해졌는데, 향회 좌차로 나뉠 필요야[先生太古論, 弟子末世言. 書院規模定, 何須鄉坐分]."라는 시를 퇴계에게 올려 일단 서원 행사, 정확히는 역동서원 낙성식 행사의 좌차는 나이 순서대로 하겠다는 뜻을 밝혔다. 그러나 조목은 나이 순서대로 좌차를 정해서 앉게 하는 것은 "사람을 소 뒤에 서게 하는 것[牛後]"이라고 하면서 끝내 이것조차도 따르려 하지 않았다.

퇴계가 말하는 향촌 내 행사에서의 좌차는 사농공상과 노비를 포함한 향촌 내의 전 백성을 대상으로 한 행사의 좌차가 아니다. 사족士族과 농공상農工商의 일반 백성 및 노비奴婢들이 향촌 내에서 함께 모여 행사를 한다고 할 때는 당연히 사족과 농공상의 일반 백성 및 노비들은 서로 앉는 자리를 달리해서 사족은 사족대로, 농공상의 일반 백성은 농공상의 일반 백성들대로, 또 노비들은 노비들대로 따로 자리를 마련해서 그들 내에서 나이 순서대로 앉는 자리의 차례를 정해야 하는 것이다. 왜냐하면 이들 사이에는 법적으로 엄연히 신분상 귀천의 차이가 존재했기 때문이다. 그러나 사족이 이족吏族과 서족庶族으로 한창 분화되고 있던 시기에 사족이 불가피하게 이족·서족과 함께 향촌 내에서 행사를 해야 할 때의 좌차를 어떻게 정해야 하는지는 문제가 되지 않을 수 없었을 것이다. 퇴계가 말하는 향촌 내 행사에서의 좌차는 바로 이러한 때의 좌차를 말하는 것으로 보인다.

퇴계의 일족인 진보이씨眞寶李氏들의 경우 퇴계 당대에 이미 그대로 이족으로 남은 집안과 사족으로 올라선 집안이 분화되고 있었다. 진보 향리로 그 업을 세습하던 집안과 퇴계 집안처럼 사족으로 크게 일어난 집안이 있었던 것이다. 이렇게 사족과 이족으로 분화되면서 이족으로 남은 쪽은 본관을 그대로 '진보眞寶'로 하고, 사족으로 올라선 쪽은 '진성眞城'으로 달리해 쓰게 된 것이라고 할 수 있다. 안동권씨安東權氏들의 경우도 동일하다. 같은 안동 향내에서 한쪽은 사족으로 자리 잡고, 다른 한쪽은 이족으로 대대로 안동 아전으로서의 업을 세습하고 있었다. 또 조선시대에는 사족들의 경우 소실을 두는 것이 일반적이었기 때문에, 퇴계 시대에는 그 자손들이 사족과 서족으로 분화되기 시작하였다.

퇴계의 향좌법은 분화하기 시작한 사족과 이족·서족이 한 고을 또는 한 마을 내이거나 이웃 고을에 살 경우 불가피하게 함께 모여야 하는 향촌 내 행사에서의 좌차를 어떻게 정해야 할 것인지에 대한 답인 셈이다. 왜냐하면 사족이 비록 이족과 서족으로 분화되었다고 하더라도, 조상의 입장이나 부모의 입장에서 볼 때 사족과 이족, 사족과 서족은 한 조상의 자손 또는 한 부모의 자식임이 분명하기 때문이다. 당연히 그들을 신분의 귀천으로 갈라서 사족을 위에 자리를 마련해서 앉히고, 이족과 서족은 아래에 따로 자리를 마련해서 앉히기는 어려웠을 것이다.

퇴계는 옛 법을 들어서 나이 순서대로 하자고 주장했지만, 그것은 조상이나 부모의 입장에서 자손이나 자식을 바라본다면, 당연히 그렇게 하는 것이 마땅했을 것이다. 그러나 조목이 향촌 내의 다른 행사뿐만 아니라 서원 내의 행사에서도 나이 순서대로 좌차를 정하는 것조차 반대했기 때문이었는지, 퇴계는 당시 경상도관찰사 이양원李陽元(1526-1592)이 찾아온다는 사유로 1570년(선조 3) 2월 22일에 거행된 역동서원 낙성식에 참석하지 않았다. 퇴계 사후 향촌 내에서 사족과 이족·서족이 완전히 분화되면서 이족은 사족과 더 이상 자리를 함께할 수 없게 되었고, 사족과 서족은 비록 자리를 함께하더라도, 한 마을에 살면서 조상의 제사 등에 참여하더라도 사족은 당 위에 서고, 서족은 당 아래 서는 등 자리를 낮추거나 분리하는 식으로 서로 구별하는 것이 일반화되었다.

퇴계가 자신의 고향에다 제자들의 도움으로 세운 역동서원에서조차도 자신의 뜻을 관철할 수 없는 상황이었다면, 금계는 비록 고을 수령이라고 하더라도 그 향내 사족들의 이해와 깊이 관련된 일에는 더 이상 어찌할 수 없었을 것이다. 대신 금계는 위차 문제는 놓아두고, 영봉서원이 제대로 정착할 수 있도록 교육 문제에 대해 적극적으로 관여하는 쪽으로 관심과 방향을 돌렸다. 영봉서원의 유생들에게 『소학』, 『근사록』, 『심경』을 공부한 뒤 사서로 나아가야 한다는 원칙을 강조하였고, 훈도로 자신보다 1년 먼저 성주에 와 있었던 덕계德溪 오건吳健(1521~1574)과 함께 유생들을 지도하면서 자신도 한 달에 한 번씩 영봉서원에서 열리는 강회에 참석하였다.

군자의 학문은 반드시 성취를 요하며 성현의 가르침은 본래 이루어진 법이 있으니, 만일 성현의 길을 따라 남의 본보기가 되고자 한다면 도에 들어가는 선후와 차례를 어지럽게 해서는 안 됩니다. 반드시 『소학』을 읽어서 떳떳한 인륜과 일상의 법도와 행동거지의 준칙에 근본을 세우고 하나하나 강론해 밝혀서, 실천이 견실하게 정해지고 함양이 순수하고 익혀지도록 해야 합니다. 제군들이 젊어서 이미 읽었다고 해도 반드시 힘쓸 자리를 이해하지 못했을 것이니, 지금 더욱 이해하여 고인이 교육을 세운 근본을 상고하고 『근사록』을 참조하여 그 의리의 지취를 넓혀나가면, 학문의 본말이 거의 아울러 이루어질 것입니다. 또 『심경』은 비록 산만한 것같이 보이지만 선유들의 격언을 부주附註로 하여 오로지 마음 다스리기를 위주로 하고, 경敬을 주로 하고 이理를 궁구하는 요체가 거의 미진함 없고 더욱이 심술의 은미함에 깊이 드러냈으니, 이 세 책을 통해 연찬해서 공력을 함께 쌓은 뒤에 사서에서 그 극을 모으고 그 선후 차례를 문란하게 하지 않으면, 사변의 공력이 외울 때와는 훨씬 다를 것입니다.

금계는 성주 고을 동쪽에 공곡서당孔谷書堂을 세우고, 성주의 속현 팔거현八莒縣, 지금의 경상북도 칠곡군 지천면 창평리에 녹봉정사鹿鳳精舍를 세웠다. 녹봉정사는 현재 원래 건물 중 정면 4칸, 측면 1칸의 부속건물만 남아 있다. 그러나 성정당誠正堂, 시습재時習齋, 양정헌養正軒, 양호루養浩樓, 관물대觀物臺 등의 현판을 퇴계가 모두 직접 명명하고 편액을 쓴 사실로 유추해 볼 때, 서원의 세 주요 공간 중 제향공간인 사당을 제외한 강학공간인 강당과 서재, 그리고 유식공간인 누대를 갖춘 서원과 거의 같은 규모의 큰 강학기관이었음을 알 수 있다. 금계는 이곳에 들어오는 유생들에게 명예와 이익을 추구하는 과거공부가 아니라 참된 공부에 매진해 줄 것을 당부하였다.

산은 옥처럼 아름답게 둘러 있고, 샘물 소리는 구슬처럼 맑게 울리는 곳에서 해맑은 창가에 앉아 정밀하고 심오한 도리를 강론하고 있을 것을 생각하니 너무도 위로가 되고 기쁩니다. 여러분이 함께 지내면서 서로 덕을 닦아나가는 데 도움을 준다면 이로움이 반드시 깊을 것입니다. 병든 나는 세속 일에 얽매여 안개 속을 헤쳐 나갈 방도가 없으니 실로 가소롭고 한스럽습니다. 여러분의 학업은 단지 글귀나 해석해서 명예와 이익을 구하는 과거공부에 그치지 않습니다. 명교名敎 가운데 저절로 낙토가 있으니, 부디 제일의를 다른 사람에게 양보하지 마십시오. 나머지는 굳게 앉아서 각고면려하여 간절히 기대하는 나의 소망에 부응해 주기를 바랍니다.

금계가 성주에서 행한 학교 교육 진흥사업은 대단한 것이었다. 영봉서원 외에 공곡서당과 녹봉정사 등 교육기관을 곳곳에 설립하고, 자신도 공무의 여가에 직접 학문을 익혔다. 이렇게 학교를 설립해서 교육을 진흥하는 것과 함께 금계가 성주목사로 재직하면서 한 가장 큰 일은 1561년(명종 16) 『회암서절요』, 다시 말하면 『주자서절요』를 간행한 것이었다.

4 사람마다 주자학의 종지를 터득하길 바라는 마음에

정월 초이틀 입춘에[正月二日立春] 제2수

누런 서책 속에서 성현을 마주한 채, 黃卷中間對聖賢
밝고 텅 빈 방안에 초연히 앉아 있네. 虛明一室坐超然
창 밖에 핀 매화가 또 봄소식 전해 주니, 梅窓又見春消息
거문고 앞에 두고 줄 끊겼다 탄식 말라. 莫向瑤琴嘆絶絃

『퇴계집』 권2

퇴계의 학술활동은 1553년(명종 8)부터 본격적으로 시작된다. 퇴계는 그때 서울에 올라가 있으면서 당시의 지성계를 향해 자신의 견해를 활발하게 피력하였다. 주자학의 이해가 깊지 않은 상태에서 명明나라로부터 직수입된 양명학의 깊은 영향으로 몹시 혼란스러웠던 당시의 지성계를 변화시키려는 적극적인 노력을 해 나갔다. 이렇게 퇴계가 활발하고 적극적인 학술활동을 펼 수 있었던 힘은 1549년(명종 4) 12월 풍기군수를 그만두고 고향으로 돌아와서 1550년(명종 5)과 1551년(명종 6) 두 해 동안 토계, 지금의 경상북도 안동시 도산면 토계리 상계마을에 자신의 서재 한서암寒棲菴과 계상서당溪上書堂을 짓고 들어앉아 『주자대전』을 읽으며 주자학을 깊이 연구한 데서 나온 것임은 다시 말할 필요가 없다. 이 시는 그때 퇴계 공부의 깊이를 가늠해 볼 수 있게 해 주는 작품이다.

이 시는 퇴계가 1552년(명종 7) 52세 정월에 지은 것이다. 그때가 되어서는 서책, 특히 『주자대전』 속에서 주자와 나아가 주자가 신봉한 공자, 맹자 등을 위시한 유학의 여러 성현들을 만날 수 있을 정도까지 주자학에 대한 공부가 깊어져서 도학을 계승하겠다는 확고한 의지를 천명하고 있다. 「도산십이곡」 중 한 수에서 "고인도 날 못 보고 나도 고인 못 봬. 고인을 못 봬도 예던 길 앞에 있네. 예던 길 앞에 있으니 아니 예고 어쩔까."라고 한 것도 이 시와 그 취지가 크게 다르지 않다. 퇴계는 『주자대전』을 읽고 나서야 학문의 바른 길을 찾았고, 그 책을 집중적으로 공부한 다음 위대한 학자로 대성하게 된 것이다. 퇴계는 주자와의 만남을 계기로 인생 일대 전회轉回의 결정적인 계기를 맞이한 것이다.

퇴계가 처음 『주자대전』을 접하게 된 것은 1543년(중종 38) 중

앙정부에서 『주자대전』을 새롭게 교정 출판하게 되면서부터이다. 중종中宗이 교서관에서 이 책을 새로 출판하려고 할 때, 퇴계는 홍문관 관리로 기존 통행본의 오탈을 홍문관에서 바로잡아 새로 출판할 것을 계청한 적이 있고, 이 책이 새로 출판된 뒤에는 동호東湖 독서당讀書堂에서 사가독서賜暇讀書를 하면서 함께 사가독서를 하고 있던 다른 동료들과 그 책을 읽고 토론하였다. 그 일을 계기로 시인적 성향이 강하던 퇴계는 학자로 변모하게 되었다. 말하자면 인문입도因文入道, 문장을 통해서 도로 들어가게 된 것이다. 그러나 이때 『주자대전』을 한 차례 교정하면서 그 내용의 대강을 살펴보기는 했지만, 벼슬을 하고 있었기 때문에 원집만 100권에 달하는 방대한 분량의 그 책을 정독하기는 어려운 형편이었다. 1550년(명종 5) 이전까지는 중간에 휴가를 받고 잠깐씩 고향에 돌아와 있기는 했지만, 충분한 시간과 여유를 가지고 읽어볼 수 없었다. 그러다가 1550년(명종 5)과 1551년(명종 6) 두 해 동안 충분한 시간과 여유를 가지고 『주자대전』을 정독하게 된 것이다.

퇴계는 계속 『주자대전』을 더 깊이 읽고 더욱 학문에 매진하려고 했지만, 1552년(명종 7)에 다시 조정에서 부르는 명령이 있어 서울로 올라가지 않을 수 없었다. 그해 4, 5월경의 일이다. 그렇지 않았다면 『주자대전』의 서간을 선취해서 『주자서절요』를 엮는 작업을 좀 더 일찍 시작했을 것이지만, 상황이 이렇게 되고 보니 모든 일이 뒤로 미루어질 수밖에 없었다. 더구나 이때 퇴계는 서울로 올라가서 1555년(명종 10) 3월에야 고향으로 돌아올 수 있었으니 거의 3년 가까운 기간을 서울에서 머물러 있었다. 당시 경상도 지방에 흉년이 계속되어 억지로라도 서울에서 벼슬살이를 계속할 수밖에 없었다. 따라서 퇴계가 자신과 제자들의 학문을 위해 계획했던 모든 일들은 뒤로 미루어질 수밖에 없었다. 『주자서절요朱子書節要』, 칠서석의七書釋義, 『계몽전의啓蒙傳疑』 등의 편집이 지체된 것도 그 때문이었다.

『주자서절요』는 『주자대전』에 수록된 2,365통의 서간 중 1,234통을 골라 그 가운데 핵심적인 부분을 발췌하였기 때문에 '절요節要'라고 한 것이다. 서간 통수로는 52%, 분량으로는 31%에 해당된다. 퇴계는 스스로 발췌 기준에 대해 "학문에 관련되면서도 수용에 절실한" 내용을 취했다고 한 바 있다. 퇴계는 이렇게 『주자대전』에 수록된 서간을 발췌하고는 그것을 예안과 안동 일원의 제자들을 중심으로 필사하도록 지시하고 또 부탁하였지만, 반응은 그리 호의적이지 않았다. 그러나 퇴계는 이 『주자서절요』를 자신의 공부뿐만 아니라 제자들의 공부에도 활용하기 위해 필사 작업을 독려하였다. 필사작업은 퇴계가 고향으로 돌아온 1555년(명종 10)부터 시작되어 1556년(명종 11) 가을에는 편집이 완료되었다. 그렇게 발췌하고 필사해서 편집한 『주자서절요』는 14권 7책이었다.

금계는 1557년(명종 12) 단양군수로 부임하면서 『주자서절요』를 간행할 계획을 하였다. 당시 단양의 어려운 형편 때문에 목판이 아닌 목활자로 간행할 생각이었다. 가장 어려운 문제는 좋은 목활자를 구하는 일과 퇴계가 『주자대전』에서 발췌해서 필사과정을 거쳐 잠정 편집해 둔 『주자서절요』를 교정하는 일이었다. 금계는 퇴계의 일차 편집해 둔 것을 검토한 결과, 주석에 있어서 상세함과 소략함의 차이가 있거나 주석이 있어야 할 부분에 주석이 없는 등의 문제점이 있음을 파악하고, 차라리 주석 부분을 빼고 본문만 인쇄해서 간행하는 방안을 제시하는 등 편집과정에도 적극 관여하였다. 그는 피폐한 단양고을을 살려내는 일과 이 책을 간행하는 일 두 가지만 완수한다면 그것으로 만족할 뿐이라고 할 정도로 간행에 심혈을 기울였다. 퇴계는 1558년(명종 13) 봄이나 여름에 『주자서절요』가 단양에서 간행될 것으로 예상하였고, 그에 맞추어 서문(「주자서절요서朱子書節要序」, 『퇴계집』 권42)을 준비하였다. 그러나 여러 가지 사정으로 단양에서의 간행은 중단되고 말았다.

『주자대전』은 1543년(중종 38) 우리 중종대왕께서 교서관에서 인쇄해서 반포하도록 하여 나도 비로소 이런 책이 있음을 알고 구하였지만, 아직껏 그 책이 어떠한 종류의 책인지를 알지 못하였다. 병 때문에 벼슬을 그만두게 되자, 곧바로 고향에 돌아와서 여가를 얻어 문을 닫고 조용히 앉아서 읽어 보게 되었다. 그로부터 점점 그 말이 맛이 있고 그 뜻이 무궁함을 깨닫게 되었고, 더욱이 서간에서는 느낀 것이 많았다. 이 책의 전체에 대해서 논한다면, 땅이 만물을 싣고 있고 바다가 만물을 포용한 것과 같아서 없는 것이 없지만, 구하려고 해도 그 요점을 얻기가 어렵다. 그러나 서간의 경우는 그 사람의 재주의 고하와 학문의 심천에 따라 병을 살펴서 약을 쓰며 물건에 따라 알맞게 담금질을 하는 것과 같아서, 누르기도 하고 올리기도 하며, 인도하기도 하고 건져주기도 하며, 격동시켜 나아가게 하기도 하고 물리쳐 깨닫게 하기도 하였다. 심술의 은미한 사이에는 터럭같이 작은 악도 용납하지 않았고, 의리를 궁구하는 즈음에는 홀로 먼저 조그마한 착오도 살폈다. 그 규모는 광대하고 심법은 엄밀하여, 깊은 못에 임한 듯 얇은 얼음을 밟듯 조심하고 조심해서 잠깐이라도 쉴 때가 없었으며, 분한 생각을 징계하고 욕심을 막고 잘못을 고쳐 바른 곳으로 나가기를 마치 미치지 못할 것처럼 생각하였으며, 강건하고 독실하고 빛이 나서 나날이 그 덕을 새롭게 하였다. 차근차근 순서에 따라 그치지 않는 것이 남과 자신에게 차이가 없었기 때문에, 남에게 말해줄 때는 능히 그 사람으로 하여금 감동하고 흥기하게 한다. 비단 당시 문하에서 직접 배운 사람에게만 그럴 뿐만 아니라, 비록 아득히 백세 뒤라도 진실로 이 글을 읽는 사람은 직접 가르침을 받는 것과 다름이 없을 것이다. 아, 참으로 지극하다. 그러나 그 서간은 권질이 너무 많아서 제대로 읽어보기가 쉽지 않을 뿐만 아니라, 실려 있는 제자들의 물음도 간혹 득실이 있음을 면하지 못하고 있다. 내가 어리석음을 스스로 헤아리지 않은 채, 그중 특히 학문에 관계되고 수용에 절실한 것만을 뽑아내되, 편장에 구애되지 않고 오직 그 요점을 얻기에만 힘썼다. 그런 다음 제자들 중 글씨를 잘 쓰는 사람들과 자질들에게 맡겨서 권을 나누어 다 쓰고 나니, 모두 14권 7책이 되었다. 원래의 서간과 비교해 보면 덜어진 것이 거의 3분의 2나 되니, 참람한 죄는 피할 바가 없다.

『주자서절요』의 간행이 다시 추진된 것은 1560년(명종 15) 금계가 성주목사로 부임한 뒤였다. 영천 임고서원臨皐書院의 목활자를 빌리고, 당시 경상도관찰사 홍담洪曇(1509–1576)에게 부탁하여 경비 절반을 지원받을 수 있었다. 여기에 경주와 상주 등 도내 큰 고을의 지원도 받았다. 1561년(명종 16) 윤5월에 최초의 『주자서절요』가 『회암서절요』라는 이름으로 15권 8책으로 간행되었다.

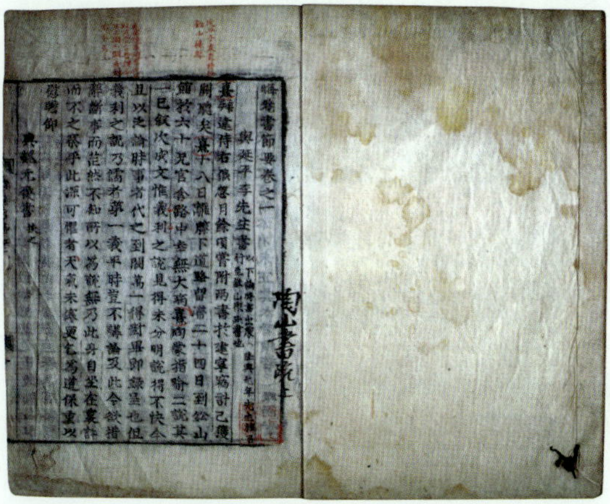

도산서원 소장 퇴계 수택본 『회암서절요』

금계가 출간할 때 『주자서절요』를 『회암서절요』로 그 서명을 바꾸었다. 이후 해주와 평양에서 각각 목활자와 금속활자로 간행되었고, 1567년(명종 22) 정주에서 『회암서절요』에서 『주자서절요』로 그 서명을 바꾸는 한편, 오탈을 교정하고, 난해어難解語에 주해를 붙이고, 목록 1권과 지구문인知舊門人의 성명사실姓名事實을 넣어 20권 10책의 목판본으로 간행되면서 대량 보급의 길이 열리게 되었다. 그러나 성주본은 목활자로 간행되고, 그나마 자금이 부족해서 많이 인쇄하지도 못하였다. 이렇게 간행된 『회암서절요』는 퇴계와 일부 제자들을 중심으로 배포되었다. 그렇더라도 금계가 성주에서 『회암서절요』를 간행한 것은 우리나라 주자학 발전에 결정적인 계기를 연 것이라 할 수 있다. 금계는 『회암서절요』를 간행하면서 그 뒤에 붙인 발문(「회암서절요발晦菴書節要跋」, 『금계집내집』 권4)에서 그 의의를 다음과 같이 말하고 있다.

일찍이 주자 문하에서 학문을 강론하며 주고받은 편지로서 간혹 다른 책에 실려 있는 것을 읽어 보니 모두 말은 비근하면서도 뜻이 심원하고 어휘는 간략하면서도 이치가 분명하였지만 늘 전집을 보지 못한 것이 한스러웠다. 이윽고 『주자대전』을 얻어서 읽어보니 마치 만물을 지고 있는 땅과 물이 가득한 바다처럼 구비하지 않은 것이 없었기에, 나같이 얕은 식견으로 그것을 헤아려보건대 망망대해를 바라보는 탄식만 나올 뿐이었다. … 퇴계 선생은 『주자대전』을 구한 것을 기뻐하여 신명처럼 공경하며 신봉하였고, 오래도록 잠심하여 그 요체를 깊이 깨달았다. 그리고는 주자께서 평소에 정밀하게 생각하고 힘써 실천한 노력과 후학들이 학문에 입문하고 착수하는 지점이 특히 서간에 있으며 다른 문장에 비할 바가 아니라고 생각하셨다. 그래서 학문과 가장 관련이 있고 일상생활에 절실한 것을 손수 뽑아서 번잡한 것은 요약하여 간략하게 한 다음 약간의 교정과 해석을 덧붙였으니, 취한 것이 겨우 삼분의 일 분량이다. … 주자께서는 성인에 버금가는 자질을 타고나서 여러 유학자의 장점을 집대성하였고 도덕이 높고 두터워 교화가 무궁하였다. 한마디 이야기와 한마디 말에 오묘한 도와 정밀한 의리가 축적되지 않은 것이 없고, 경전의 뜻을 발명하여 드러내는 일에 더욱 마음을 다해, 곧바로 도학의 관건을 열어젖혀서 만세에 보여 주었다. 그러나 단서를 언급한 것이 여기저기 흩어져 있고 뜻을 설명한 것이 간략하면서 심오하여 문을 찾아서 들어가기가 역시 어려운 것이었다. … 진실로 마음을 비우고 조용히 생각하면서 여기에 종사하여 참되게 알고 실천하여 마음과 이치가 무르익게 되면, 정자와 주자를 거슬러 올라가 공자에까지 도달하는 데 이 책이 길잡이가 되어 사서 등 여러 경전도 칼날에 쪼개지듯이 절로 해석될 것이다. 장차 이 책이 간행되면 『근사록』과 함께 사서로 올라가는 계단이 될 것이다. … 나는 문득 스스로의 역량을 헤아리지 않고 상자

안에 들어 있는 그 원고가 쉽게 없어져 버릴 것을 깊이 두려워하여, 임고서원에서 활자를 빌리고 관찰사 홍담이 보조해 준 절반의 돈을 가지고 겨우 일을 마칠 수 있었지만, 한 고을의 힘으로는 널리 펴지 못함이 한스럽다. 만약 동호인들이 있어서 이 책을 목판으로 새기거나 활자로 인쇄하여 집집마다 전해지고 사람마다 낭송하여 주자학의 종지를 얻을 수 있게 한다면, 여운을 가다듬고 끊어진 실마리를 이어서 후세에 걸출한 인물이 어찌 나오지 않겠는가.

금계 황준량,
그는 누구인가

5 금양정사를 미리 세운 뜻은

성주목사 황중거 만사[黃星州仲擧挽詞]

문장으로 드날리다 늦게야 길을 바꿔, 早騁詞華晩改求
벼슬하며 학문해서 둘 다 넉넉히 하려 했지. 仕中爲學欲兼優
근고가 날로 쌓여 온갖 병 모여들어, 勤劬積日千痾集
돌아오던 도중에 만사가 끝났다오. 歸去中途萬事休
도산서당에서 익히려고 먹었던 맘 어긋나고, 陶舍宿心違講習
금계정사에서 장수할 깊은 생각 헛일 됐네. 錦溪幽抱失藏修
주자의 글 사람들과 함께 읽을 그때마다, 朱書每與人同讀
평생을 생각하며 얼마나 눈물 흘릴지. 幾憶平生淚共流

빼어난 글재주는 속태 벗은 모습인데, 穎脫爲文出俗姿
하늘이 준 운명은 유독 기구하였다오. 天胡賦命獨多奇

청운의 길 베기가 장대에 오르기라, 青雲正似䩞竿日
봉황이 가시 숲에 깃들은 듯 불운했지. 綠綬還同鳳棘時
산도 날릴 비방을 뭇 입이 불어 대고, 謗有丘山飄衆喣
한 섬 곡식 집에 없이 궁한 사람 구제했네. 家無甔石濟窮慈
그대의 만년 삶은 더욱 숭상할 만하니, 如君晩節尤堪尙
뒷날에 알아주는 동지가 꼭 있으리라. 後有同心只自知

『퇴계집』 권2

제자 금계의 부음을 들은 스승 퇴계는 먼저 제문을 짓고 또 만사를 지어서 그 죽음을 애도하고, 그 일생을 기렸다. 퇴계는 이 만사에서 금계가 문장을 하다가 뒤늦게야 학문의 길로 들어섰다고 하였다. 그리고 중앙조정에서의 벼슬길이 여의치 않아 지방고을 수령을 자원해 나간 것이 그 전회의 계기를 마련해 주었다고 하였다. 금계는 지방고을 수령을 하게 되면서 스승 퇴계의 학문적인 사업에 가장 적극적인 조력자가 되었다. 그중 가장 큰 공적이 『주자서절요』의 발간이었음은 말할 필요도 없다. 금계는 성주목사로 재직하면서 이 책을 발간하였고, 또 이 책을 공부하는 데 많은 힘을 들였다. 퇴계의 말대로 벼슬살이를 하면서 학문을 해 나가되, 둘 다 모두 잘해 나가려고 노력하다가 그것이 주요한 원인이 되어 죽음을 맞이한 것이다. 나아가 금계는 퇴계가 이 만사에서 "도산서당에서 익히려고 먹었던 맘 어긋나고, 금계정사에서 장수할 깊은 생각 헛일 됐네[陶舍宿心違講習, 錦溪幽抱失藏修]."라고 한 대로, 성주목사를 끝으로 벼슬에서 물러나 스승 퇴계와 함께 본격적으로 주자학을 공부할 생각을 가지고 있었던 것이다. 곧 스승 퇴계의 길을 뒤따라가려 했던 것이다.

퇴계가 벼슬에서 물러날 뜻을 굳힌 것은 서울에서 『주자대전』을 처음 얻어 본 1543년(중종 38)의 일이다. 이처럼 이미 벼슬에서 물러날 뜻을 굳힌 상태에서 1545년(명종 즉위년)에 일어난 을사사화는 그러한 뜻을 실행에 옮기게 하는 결정적인 계기를 마련해 준 것으로 보인다. 퇴계는 이때 서울에서 벼슬살이를 하면서 조정의 많은 명사들이 사화의 와중에 희생되는 것을 직접 목도하였을 뿐만 아니라, 자신도 이기李芑(1476~1552)의 무고로 관직을 삭탈당하는 해를 입기도 하였다. 비록 이기의 조카 이원록李元祿(1514~1574)이 이기에게 간청해서 직첩을 되돌려받기는 했지만, 이 사건을 계기로 퇴계는 더 이상 벼슬을 할 생각이 없어진 것으로 짐작된다. 그래서 1546년(명종 1) 2월 휴가를 받고 고향에 내려왔다가, 병을 이유로 여러 차례에 걸친 조정의 부름에도 응하지 않았다. 퇴계는 이때부터 고향에다 정사를 짓고 물러나 있으려고 했지만, 늘 조정의 부름을 받고 다시 서울로 올라가 벼슬살이를 하게 되는, 퇴계의 말대로 귀향과 소환이 반복되는 삶이었다. 그래도 1550년(명종 5) 이후로는 지금의 경상북도 안동시 도산면 토계리 상계마을에 자신의 서재 한서암과 계상서당을 짓고 들어앉아 『주자대전』을 깊이 공부하였고, 1561년(명종 16) 이후로는 도산서당을 짓고 들어앉아 본격적인 학문 연구와 후진 양성에 들어갔다.

금계가 중앙조정에서의 벼슬길이 여의치 않으면서 지방고을 수령을 자원한 때는 바로 퇴계가 토계, 지금의 경상북도 안동시 도산면 토계리 상계마을에 자신의 서재 한서암과 계상서당을 짓고 들어앉아 『주자대전』을 깊이 공부하던 때였다. 퇴계가 지은 금계 행장에 따르면, 금계는 1551년(명종 6) 9월 사헌부지평에 임명되었다가 언관의 탄핵으로 체직되자, 부모 봉양을 위해 외직을 자청하여 신녕현감이 되었다고 하였다. 그리고 퇴계가 금계에게 보낸 서간, 현재 전하는 퇴계가 금계에게 보낸 1552년(명종 7) 1월 15일자 첫 번째 서간에 의거하면, 금계가 신녕현감에 부임한 것은 1552년 1월경의 일이었음을 알 수 있다. 이때부터 퇴계와 금계 사이에 주자학의 학문적인 문제가 중심이 된 서간 왕래가 시작된 것이다. 따라서 시사의 동인으로 첫 만남이 시작된 퇴계와 금계의 관계는 이때부터 스승과 제자 사이로 전환되어 함께 학문의 길을 걸어간 것이다. 스승 퇴계와 학문의 길을 함께 걸어가면서 지방고을의 수령으로 중앙조정 관료로는 할 수 없는, 스승 퇴계가 뜻한 여러 학문적인 사업을 적극적으로 추진하였다.

금계가 신녕현감을 그만둔 것은, 퇴계가 지은 금계 행장에서는 1556년(명종 11) 겨울이라고 하였다. 하지만 금계가 단양군수로 부임하면서 지은 「수산역에서 자다가 수령을 맞이하는 사람들이 부는 뿔피리 소리를 듣고 장난삼아 짓다[宿守山驛 聞迎人角聲 戲云]」라는 시에서 "벼슬 놓고 삼 년 동안 계장에 누웠더니[投簪三載臥溪莊]"라고 한 것을 볼 때, 1553년(명종 8)경이 분명해 보인다. 금계는 신녕현감을 그만둔 뒤 단양군수로 임명되기 전까지 3년 동안 고향에서 지냈음을 알 수 있다. 이때 금계는 자신의 고향 풍기 금선계곡 어귀에다 터를 잡고 금양정사, 이 만사에서 말하는 금계정사를 짓기 시작하였다. 이곳에서 스승 퇴계처럼 학문 연구에 잠심하고 싶었던 것이다. 그러나 1557년(명종 12) 피폐한 단양고을을 살릴 적임자로 뽑혀 다시 단양군수로 나가게 되었다.

금계가 단양군수로 재직하면서 가장 힘을 쏟은 것은 물론 피폐한 단양고을을 살리는 일이었다. 그 외에 금계가 각별히 신경을 써서 추진한 일 중의 하나는 퇴계의 손에서 일차 편집이 된 『주자서절요』를 간행하는 일이었다. 이 일은 「단양진폐소」를 올려 고을의 시급한 현안을 해결하여 10년간 부세를 면제받도록 조처한 뒤에 곧바로 추진하였다. 금계는 단양군수로 피폐한 단양고을을 살려내는 일과 이 책을 간행하는 일 두 가지만 완수한다면, 그것으로 만족할 뿐이라고 할 정도로 『주자서절요』 간행에 심혈을 기울였다. 그리고 퇴계도 1558년(명종 13) 봄이나 여름에 『주자서절요』가 단양에서 간행될 것으로 예상하고 그에 맞추어 서문을 준비하였다. 그러나 당시 단양고을의 형편으로는 상당한 거질인 『주자서절요』의 간행이 어려웠던지 단양에서의 간행은 중단되고 말았다.

『주자서절요』는 금계가 성주목사로 부임한 그 이듬해 1561년(명종 16) 윤5월에 간행되었다. 성주는 경상도 내의 큰 고을이었지만, 『주자서절요』는 그 큰 성주 한 고을의 힘만으로는 간행에 어려움이 있었다. 그래서 경상도에서 출판경비의 절반을 지원받고, 또 경주와 상주 등 도내 다른 큰 고을의 지원도 아울러 받았다. 금계는 이렇게 성주에서 『주자서절요』를 간행하고는, 공무를 돌보는 여가에 그곳의 훈도 오건 및 자신의 처조카사위 류중엄과 함께 『주자서절요』를 읽었다. 성주목사를 사직하고 고향 풍기의 금양정사로 돌아가 스승 퇴계가 걸어간 길을 따라 본격적으로 주자학 공부에 매진할 계획을 하고 있었던 것이다.

실제 퇴계와 금계가 주고받은 서간의 내용을 찬찬히 살펴보면, 금계의 학문은 그가 『회암서절요』 발문에서 밝힌 그대로 『심경』과 『근사록』을 거쳐 『주자서절요』로 나아가서 주자학의 깊숙한 세계로 진입하고 있었음을 알 수 있다. 다만 지취志趣만 분명할 뿐 자신의 학문적 성취를 그에 상응하는 저작著作으로 담아내기에는 너무 이른 죽음이었기 때문에 관료문인, 그중에서도 지방고을 수령으로서의 두드러진 행적과 주로 관료문인을 지내는 동안 지은 이러저러한 시문 작품만 세상에 남겨 놓게 된 것이다. 퇴계는 이것만 가지고서는 금계에 대한 사후 인물평이 한 관료문인에 그칠 것을 깊이 염려했을 것이다. 그래서 퇴계는 1563년(명종 18) 4월 초3일에 지은 첫 번째 제문에서는,

> 아, 금계가 어떻게 이렇게 된 것인가. 성주에서 풍기까지가 모두 몇 리나 되기에, 길을 따라 부축을 받으며 실려 왔는데도 고향집에 이르지 못한 것인가. … 생각이나 하였으랴 영결의 말이 부고와 함께 올 줄을. 실성해서 길

퇴계 친필 제문(소수박물관 제공)

게 부르짖으니 물동이를 기울인 듯 눈물이 쏟아진다오. 하늘은 어찌 이리도 빨리 이 사람을 빼앗아가는 것인가요. 현실인지 꿈인지 넋을 잃고 목이 멘다오. … 아 금계여, 한번 가면 돌아오기 어려워라. 이제 다 그만이니 너무도 슬프구려.

라고 하여 공자가 수제자 안회를 잃었을 때와 동일한 비통한 심정을 담은 개인적인 정회를 피력한 다음, 1563년(명종 18) 11월경 초상을 맞이하여 지은 두 번째 제문에서는 금계의 일생 행적과 함께 그의 학문적 역정을 다음과 같이 구체적으로 언급하였다.

나의 뜻은 늘그막에 무너짐을 걱정하는 판인데 공의 학문 중년에 깨우침이 훌륭하여, 가지와 잎 차츰차츰 쳐내 버리고 본원으로 거슬러 올라갈 만하였다오. 단양군수 재직할 땐 좋은 경지에 들어가서 기쁨을 느껴 원대한 목표를 세웠고, 성주목사로 부임해서는 더욱 마음을 가다듬어 경솔히 하지 않고는, 벼슬과 학문 두 가지 모두를 넉넉하게 하려고 얼마나 각고의 노력을 하였는지 모른다오. 주자의 서언을 얻고는 마치 입에 맞는 고깃국을 얻은 듯 좋아하였다오. 참으로 먼저 부르지 않으면 화답하지 않는 법이라, 때마침 뜻을 같이하는 사람이 향교에 있어 서로 도와가며 익히는 즐거움을 함께 누리니, 많은 선비들이 호응하였다오. 밤낮으로 부지런히 그 정미한 이치를 궁구하고 분석하면서, 때때로 편지를 보내 자신을 비운 채 보잘 것없는 나에게 질문하기도 하였다오. … 이 즐거움을 온전히 하기를 생각했다면 어찌 돌아가서 자유로이 노닐지 않을 건가. 죽령의 푸른 봉우리를 못 잊어하고 금수의 맑은 물줄기를 사랑하여, 아스라이 높고 고요한 곳에 은거할 집 한 채를 마련하였다오. 뜻을 같이하는 사람끼리 난초 향기를 함께 나누며 옛 서책에서 거문고의 음운을 다스리고, 고명한 학문을 완색하여 정묘한 경지에 들어가 고요히 수양에 힘써서 자신의 본성을 찾으려 하였다오.

앞서 든 금계에 대한 퇴계의 만사는 두 편의 제문을 통해 밝힌 금계에 대한 퇴계의 개인적인 정회와 공식적인 평가를 칠언율시 2수로 압축해 놓은 것이다. 이 만사는 물론 금계의 사망 소식을 듣고 첫 번째 제문을 지을 때 함께 지은 것이다. 그러나 퇴계가 자신의 시문 원고 중 사후 문집에 실을 작품들을 시고詩稿와 문고文稿로 나누어 보관하면서 한평생 수정을 가한 사실을 고려한다면, 퇴계는 자신의 문집 『퇴계집』 내집에 실린 금계에 대한 이 만사에다 금계에 대한 자신의 최종 인물평을 담았음이 분명하다. 그중 제2수의 제7, 8구에서 "그대의 만년 삶은 더욱 숭상할 만하니, 뒷날에 알아주는 동지가 꼭 있으리라[如君晩節尤堪尙, 後有同心只自知]."라고 한 것이 바로 금계에 대한 후일의 평가와 추숭을 고려해서 내린 금계에 대한 퇴계의 최종 인물평인 것이다.

퇴계는 금계가 사망하고 두 달이 조금 넘은 1563년(명종 18) 6월에 큰 병이 나서 오래도록 앓았다. 이때 의약에 정통한 제자 류중엄이 살펴보고도 병명을 알 수 없어 끝내는 성주의 배소에 있던 묵재默齋 이문건李文楗(1494~1567)에게 문의하여 처방을 얻은 다음, 한 달 가까이 치료한 뒤에야 겨우 회복되기 시작하였다. 그러나 병은 회복되었지만, 한번 크게 아픈 뒤로는 몸이 몹시 노쇠해지면서, 귀는 잘 들리지 않고 눈은 잔글자를 알아볼 수 없을 정도로 몹시 침침해지는 등 신체적으로 큰 변화를 겪게 되었다. 학문 연구 등으로 잊고 지내던 노년을 현실로 맞이하게 된 것이다. 직접적인 언명은 없어도 금계의 죽음이 이때 퇴계의 큰 병과 그에 따른 신체적 변화와 무관하지 않았을 것임은 미루어 짐작해 볼 수 있다.

오랜 병석에서 일어난 퇴계는 금계에 대한 자신의 인물평에 맞게 그의 일생 행적, 관료문인이었다가 학자의 길로 들어서서 일정한 성취를 이룬 금계의 일생 행적을 후대에 전할 자료로 엄정하게 기록하였다. 1563년(명종 18) 11월경 금계의 초상을 맞아 지은 금계에 대한 두 번째 제문이 그것이고, 이어서 같은 해 12월에 지은 금계에 대한 행장이 그것이다. 그리고 이듬해 1564년(명종 19) 5월경에는 집안에 보관 중이던 시집 2권과 문집 2권의 유고 4권에다 약간의 초고를 보탠 금계의 문집을 교열하였다. 이렇게 퇴계의 교열을 거친 『금계집』은 이산해의 발문을 받아 1584년(선조 17) 단양에서 간행되었다. 이와 함께 1566년(명종 21) 2월에는 당시 풍기군수 조완벽에게 편지를 보내 금계정사, 곧 금양정사의 수호를 특별히 부탁하였다. 후일 금계를 모실 서원의 창건도 대비한 것으로 보인다.

퇴계 사후 『퇴계집』을 편찬한 퇴계의 제자들은, 당시에 이미 형성된 퇴계학파를 염두에 두고 퇴계의 서간을 인물 유형별로 분류해서 편집하였다. 먼저 '시현時賢'(『퇴계집』 권9), '지구知舊'(『퇴계집』 권10-15), '문인門人'(『퇴계집』 권16-39), '가인家人'(『퇴계집』 권40)의 네 인물 유형으로 분류한 다음, 그 각각의 안에서는 다시 인물과 내용을 고려해서 선후의 순서를 잡았다. 특히 퇴계가 제자들에게 보낸 서간을 모아둔 '문인'(『퇴계집』 권16-39)의 경우는 그 안에서 서간 내용을 살펴서 다시 인물의 순서를 잡았다. 퇴계가 제자들에게 보낸 서간은 주자학의 학문적인 문제에 대한 논의가 주요한 내용이 되어 있음은 잘 알려진 사실이다. 따라서 퇴계가 제자들에게 보낸 서간을 모아둔 '문인' 내의 인물 순서는 퇴계학파 내에서의 제자들의 학자적·학문적 위상에 따라 안배한 것이라고 할 수 있다.

퇴계와 사단칠정논변을 행한 기대승이 수제자로 첫 번째로 올라있고, 그에 뒤이어 금계가 두 번째로 올라 있다. 그 뒤에 구암龜巖 이정李楨(1512–1571), 월천月川 조목趙穆(1524–1606), 문봉文峯 정유일鄭惟一(1533–1576), 잠재潛齋 김취려金就礪(1526–?)가 순서대로 올라 있으니, 조선 후기 영남 퇴계학파에서 월천학파, 학봉학파, 서애학파, 한강학파를 말하는 것과는 많은 차이가 존재한다. 『퇴계집』은 퇴계의 제자들이 그 편집지침을 서로 합의해서 편찬한 것이다. 따라서 퇴계의 제자들 대까지 금계의 학자적·학문적 위상은 굳건했을 것임을 미루어 짐작해 볼 수 있다. 너무 이른 죽음으로 지취만 분명할 뿐, 자신의 학문적 성취를 그에 상응하는 저작으로 담아내기 어려웠기 때문에 후대로 내려가면서 가려지고 잊혀진 것은 지금이라도 살려내어야 할 것이다. 퇴계가 금계에 대한 두 번째 제문에서 "학문의 진결을 못난 벗에게 남겨 두었다오[留學訣於損友]."라고 한 말, 금계가 자신에게 학문의 진결을 남겨 두었다는 말을 되새기면서 퇴계의 글 일부로 되어 있을 금계 학문의 진결을 퇴계의 글을 더듬어서라도 찾아볼 필요가 있는 것이다.

제5장

금계 종가의 제례문화

유가에서는 조상의 제사를 받들고 찾아온 손님을 대접하는 '봉제사접빈객奉祭祀接賓客'을 중요한 과업으로 생각하였다. 농촌의 동족부락이 많은 사람들의 생활 근거지이자 또 고향이었던 1970년대, 1980년대까지만 해도 종가만이 아닌 대부분의 집에서 소중한 가치로 인식하였다. 이제는 일부 노년층을 제외하고는 아무도 농촌의 동족부락을 자신의 생활 근거지로 하지 않고, 또 그곳을 자신의 고향으로 생각하지도 않는다. 인구의 대부분이 도시에 몰려 살고 있는 지금은 40대, 50대조차도 자신의 고향을 농촌의 동족부락이라고 하는 사람을 만나기는 쉽지 않다. 50년이라는 길지 않은 기간 동안 세상은 너무도 변해 버린 것이다. 뽕나무가 가득하던 밭이 푸른 물이 일렁이는 바다로 변했다는 '상전벽해'라는 말은 지금의 우리 현실을 두고 하는 말이 아닐 수 없다.

필자는 1988년 서울에서 살다가 포항으로 내려가서 그곳에 있는 한 대학에 근무하였다. 그때 그 대학 총장님을 중심으로 조직한 한 유가의 모임에서 얼마간 일을 도운 적이 있다. 당시 그 모임의 주요 과제는 회원들의 의견을 수렴해서 급변하는 시대에 맞는 유가예법을 도출해 내는 일이었다. 도시가 대부분 사람들의 생활 근거지가 되어 버린 현실에서 유가예법의 현대적 변용, 도시화된 생활에 맞는 유가예법의 현대적 변용이 필요했던 것이다. 이와 함께 그때 영남의 여러 종가에서 종손과 종인들의 합의로 한 문중 내에서는 이미 간소화해 시행하는 예법을 공론화해 보자는 것이었다. 예를 들자면, 상례는 3년이 아닌 1년이나 100일 탈상으로 하거나, 제례는 제사를 부조 양대 봉사로 줄이고 제수의 가짓수를 최소화하고 제사시간은 기일 당일 새벽이 아닌 저녁으로 바꾸는 등 이미 한 문중 내에서는 종손과 종인들의 합의로 간소화해 시행하고 있는 경우, 그것을 공개된 자리로 들고 나와 논의해서 좋은 길을 찾아보자는 것이었다. 그때만 해도 한 문중 내에서 종손과 종인들의 합의로 설사 시행하고 있다고 하더라도 드러내놓고 말하기 어려운 실정이었기 때문에 그것을 공개해서 논의할 자리가 필요했던 것이다.

그간의 짧은 기간 동안 변화가 얼마나 컸고, 또 얼마나 빨리 진행되었는지 알 수 없을 정도이다. 그때로부터 30년이 지난 지금 내 주변에서 3–5일간의 장례기간 외에 집상을 하는 경우도 거의 드물고, 또 기일이나 명절 등에 제사를 지내는 사람조차 찾아보기가 쉽지 않다. 장례식장에서 거의 출퇴근 상주로 3–5일간의 장례기간을 마친 뒤에는 도시의 분주한 일상으로 돌아가서 상례를 까마득히 잊게 마련이며, 제례는 부모의 신주조차 절이나 성당 등 종교단체에 맡긴 다음 기일 제사는 지내지 않고 명절 차사는 도시의 분주한 일상에서 누리기 어려운 황금연휴로 적극 활용해서 여행 등으로 대체하고 만다. 내가 포항에 내려간 그때는 적어도 유가인 경우에는 자신들의 생활여건에 맞추어 간소화한 것조차도 남들이 알까 봐 쉬쉬하면서 조심하였지만, 지금은 유가예법의 존재 자체를 생각하는 사람을 찾기 어렵게 된 실정이다. 공자가 내용이 없이 형식만 남은 예법은 없애야 한다고 한 제자 자공을 나무랐던 '곡삭지희양告朔之餼羊'의 문제, 전래 유가예법의 존속 문제는 이제 영남의 전 종가와 종손, 그 종가의 보존과 종손의 책무를 지고 있는 종손 자신이 풀어야 할 과제가 되어 있다.

금계종가의
제례문화

1 제례의 현황

금계종가의 제례는 크게 기제사忌祭祀, 설과 추석 등 명절에 지내는 차사茶祀, 그리고 가을에 지내는 묘사墓祀로 구분된다. 기제사는 불천위不遷位 제사와 4대 봉사이고, 모두 합설合設이다. 합설은 남편이나 아내의 제사에 내외분의 신주神主를 함께 모시고 지내는 것이고, 단설單設은 본인의 제사에 본인의 신주만 모시고 지내는 것을 말한다. 불천위는 금계와 그 부인 영천이씨永川李氏 양위이며, 4대 봉사는 종손 황재천黃載天의 고조부모인 황우진黃宇鎭과 개성고씨開城高氏, 증조부모인 황영래黃永來와 나주정씨羅州丁氏·해주오씨海州吳氏, 조부모인 황병하黃秉夏와 진성이씨眞城李氏, 부친인 황봉섭黃鳳燮의 모두 8위이며, 차사는 설날인 정월초하루와 추석인 팔월대보름에 지내는 명절 제사이다. 이렇게 한 해에 지내야 할 제사만 열 번이 넘는다.

불천위 제사는 금계의 기일인 음력 3월 11일이고, 금계의 부인 영천이씨의 기일은 음력 12월 28일이다. 4대 봉사는, 고조부 황우진의 기일은 음력 12월 7일이고 고조모 개성고씨의 기일은 음력 12월 22일이며, 증조부 황영래의 기일은 음력 2월 30일이고 증조모 나주정씨의 기일은 음력 5월 16일이고 해조오씨의 기일은 음력 12월 28일이며, 조부 황병하의 기일은 음력 1월 17일이고 조모 진성이씨의 기일은 음력 3월 초5일이며, 부친 황봉섭의 기일은 음력 11월 25일이다. 묘사는 매해 음력 10월 중정中丁에 지내다가 7년 전부터는 매해 음력 10월 첫째 일요일을 정일로 하였지만, 참여하는 자손들이 점차 줄어들어 일요일이 아닌 토요일로 변경할 계획을 하고 있다고 한다.

종손 황재천은 서울에서 거주하다가 지금부터 4년 전인 2014년 5월에 종가가 있는 풍기에 내려왔다고 한다. 그전까지는 서울에서 거주하면서 한 해에 열 번도 넘는 제사를 지내기 위해 풍기를 왕래했다면 그 자체로도 보통 일이 아니었을 것이다. 더구나 제사 준비도 최근 두어 해는 종가에서 하고 있지만, 그전까지는 종손 혼자 모친의 시병侍病을 위해 풍기의 종가로 내려와 있었기 때문에, 종부가 서울에서 일일이 마련해서 내려왔다고 한다. 그리고 제사 비용은 따로 전답이나 기금 등이 없이 종가에서 전부 부담하다가 얼마 전부터 불천위 제사에는 문중에서 지원을 하고 있다고 한다.

제사는 많은 사람들이 농촌의 동족부락을 자신의 생활 근거지이자 또 자신의 고향으로 생각하던 1970년대, 1980년대까지만 해도 조상을 추모하는 행사이면서, 동시에 그 자리에 제관으로 참석하는 후손들이 일족一族의 정의를 다지는 잔치이기도 하였다. 이미 자신의 생활 근거지를 도시로 옮긴 자손들의 경우라도 일부러 휴가를 내서 제사에 참석하기도 하고, 또 그 제사에 참석하는 것을 계기로 오래도록 만나지 못했던 친척들을 만나기도 하였다. 참석하는 제관들이 많았기 때문에 그들 모두가 부족함 없이 먹을 수 있도록 제수도 풍성하게 마련하게 된 것이고, 또 여전히 농촌의 동족부락이 존속하였기 때문에 그러한 제수 등 제사 준비에는 많은 일손이 도움을 줄 수 있었던 것이다. 그러나 농촌의 동족부락, 종손을 중심으로 한 문중으로 강하게 결속된 동족부락이 해체되어 가면서 더 이상 그러한 모습을 보기는 어려운 것이 현실이다. 이제는 제사를 모셔야 한다는 의식조차 거의 없어지면서 제사는 불천위 등 현조顯祖를 둔 종가의 종손이 어쩔 수 없이 져야 하는 책무가 되어 있는 것이다.

현재 영남 여러 종가에서는 그 종가에서 지내는 모든 제사를 옛 법도대로 지낼 수 없는 상황이다. 대부분의 종인들, 그것도 도시에 거주하는 거의 대부분의 종인들이 자신의 본업을 버려두고 도시에서 멀리 떨어진 곳에 있는 종가의 제사에 신경을 쓸 수가 없음은 말할 필요도 없다. 따라서 종가의 제사는 그 준비에서부

신위

터 참사參祀에 이르기까지의 모든 일이 오롯이 종손과 그 일가족의 몫이 되어 있다. 더구나 종손이 고령인 경우에는 최소한 열 번 이상이 되는 종가의 모든 제사를 감당할 수조차 없는 것이다. 퇴계종가의 예를 들자면, 기제사 중 불천위 제사를 제외한 4대 봉사는 이미 도시에 나가 있는 차종손이 맡아서 지내고 있다. 종인들 대부분이 도시에 거주하고 있으므로, 이렇게 하는 편이 제사 준비부터 참사에 이르기까지 훨씬 효율적인데다, 제사의 본의를 살리는 길이기도 해서이다. 이처럼 퇴계종가를 포함한 영남의 여러 종가들은 4대 봉사를 포함한 거의 모든 제사를 현대화 또는 간소화해서 지내는 반면, 큰제사라고 하는 불천위 제사만은 옛 법도 그대로 지내고 있다. 이것은 변화된 현실에 적응해서 선대로부터 오래도록 지켜온 종가문화를 보존해 보려는 노력의 일환이라고 하지 않을 수 없다. 금계종가에서도 불천위 금계의 제사만은 옛 법도대로 지내고 있다.

2 불천위 제례의 절차와 특징

불천위는 4대가 지나도 신주를 땅에 묻지 않고 자손이 있는 한 계속 제사를 받드는 것을 말한다. 별도의 사당을 마련하여 모시기도 하고, 가묘에 4대의 신주와 함께 모시기도 한다. 불천위가 있고 없음이 그 가문의 격을 가늠하는 기준이 된다. 불천위는 유현으로서의 학문이나 덕행, 나라에 세운 공훈이나 벼슬 등 다양한 사항을 고려해서 정한다. 국가가 정했으면 국불천위國不遷位라 하고, 유림이 공론으로 정했으면 유림불천위儒林不遷位라 한다. 유림불천위의 경우도 도내 유림이 공론으로 정했으면 도불천위道不遷位라 하고, 향내 유림이 공론으로 정했으면 향불천위鄕不遷位라 한다. 이외에 유림의 공론을 거치지 않고 문중에서 정한 경우는 사불천위私不遷位라 한다. 이것은 같은 불천위라 하더라도 다른 불천위에 비해 그 격이 다소 떨어진다.

국불천위는 문묘에 배향된 동국유현 18인이 1차 대상이 된다. 그리고 나라에 세운 공훈이나 벼슬 등을 고려할 때, 정경正卿 이상의 고관으로 시호諡號를 받거나 국가 공인의 서원書院이나 사우祠宇 등에 배향된 사람이 그 대상이 될 수 있다. 다음으로 유림불천위는 기타 서원이나 사우 등에 배향된 사람은 모두 그 대상이다. 종손의 말로는 금계는 향불천위라 한다. 향불천위로 정해진 때가 언제인지는 자세하게 알 수 없지만, 금계를 욱양서원郁陽書院에 배향한 1669년(현종 10) 이후, 금계의 4세 봉사손 황용연黃龍淵(1611-1688)이 생존하던 어느 때로 추정된다. 그렇게 해서 황용연 사후 가문의 중흥조인 금계에 대한 4대 봉사가 끝나서, 더 이상의 제사를 받들지 못하게 되는 상황을 대비한 것으로 보인다.

불천위 제사는 불천위 대제不遷位大祭라고 하여 보통 큰제사라고 한다. 합설로 지내는 금계 불천위 제사의 일자는 금계의 기일인 매해 음력 3월 11일이다. 음력 3월 10일에 입재入齋를 하고, 기일 당일 첫 새벽인 음력 3월 11일 1시에 지낸다. 제사 비용은 그 전까지 종가에서 모두 부담하다가, 얼마 전부터 매해 제사 때마다 문중에서 50만 원씩 지원을 받고 있다고 한다. 그리고 제사 준비는 종손과 종부가 서울에 있었던 관계로 서울에서 준비해서 내려오다가, 최근에는 풍기의 종가에서 하고 있다고 한다. 또 당일 참사하는 제관은 현재는 많이 줄어 20명 내외로 거의가 금계 문중 사람들이지만, 2000년 전까지는 타 문중 사람들도 오고 해서 당일 참사하는 제관들이 적지 않았다고 한다.

금계종가에서는 금계 불천위 제사를, 사전에 제례 관련 집사를 정하고 또 제례의식 절차를 정해서 행하고 있다. 그 분정分定한 집사를 기록해 둔 것이 「금계선조기제시집사錦溪先祖忌祭時執事」이고, 제례의식 절차를 기록해 둔 것이 「금계선조기제홀기錦溪先祖忌祭笏記」이다. 먼저 2018년도 「금계선조기제시집사」부터 들어 보기로 하겠다.

주인主人	황재천黃載天
아헌亞獻	황한섭黃漢燮
종헌終獻	정만영鄭晩永
축祝	황재선黃在璇
집례執禮	황영회黃永會
집사執事	황세기黃世基
	황병로黃秉魯
진설陳設	황재갑黃在甲
	황병호黃秉祜
	황병렬黃秉烈
	황완섭黃完燮
	황만섭黃萬燮
	황우섭黃雨燮
	황재혁黃載赫
	황석종黃錫鍾
	황재춘黃載春

다음으로 「금계선조기제홀기」를 들어 보기로 하겠다. 그 내용이 많아서 전부 풀어서 옮기기는 어려우므로, 세부내용은 생략하고 의식의 기본 골격만 순서대로 들어 보기로 하겠다.

① 출주례出主禮
② 참신례參神禮
③ 강신례降神禮
④ 초헌례初獻禮
⑤ 아헌례亞獻禮
⑥ 종헌례終獻禮
⑦ 유식례侑食禮
⑧ 사신례辭神禮

홀기에 기록된 이 순서에 따라 제사의 진행 과정을 살펴보기로 하겠다.

금계종가에서는 불천위 제사를 사당에서 지내지 않고 정침正寢에서 지낸다. 그것도 최근에는 참사 인원이 많지 않아 대청이 아닌 방에서 지내고 있다. 따라서 진설을 마친 다음에는 먼저 사당에 모셔둔 불천위 금계와 금계의 부인 영천이씨의 신주부터 정침으로 모셔오는 출주례를 행한다. 불천위 금계와 금계의 부인 영천이씨의 신주는 종가의 사당 맨 왼쪽에 모셔 두고 있다. 금계 신주에는 '현선조고 증 가선대부 이조참판 겸 동지경연의금부사 홍문관제학 동지춘추관성균관사 오위도총부부총관 행 통훈대부 성주목사 겸 성주진병마첨절제사 부군신위顯先祖考贈嘉善大夫吏曹參判兼同知經筵義禁府事弘文館提學同知春秋館成均館事五衛都摠府副摠管行通訓大夫星州牧使兼星州鎭兵馬僉節制使府君神位'라고 실직實職과 증직贈職을 모두 밝혀 67자를 한 줄로 깨알같이 기록하였고, 그 신주 우측 하단에는 방제傍題로 현 봉사손奉事孫(奉祀孫)을 '봉사손재천奉事孫載天'이라고 기록하였다. 그리고 금계의 부인은 '현선조비 증 정부인 영천이씨 신위顯先祖妣贈貞夫人永川李氏神位'라고 증직만을 밝혀 한 줄로 기록하였다. 종손 황재천과 축관祝官, 그리고 다른 집사 한 사람의 3인이 사당으로 가서 신주를 밖으로 모시는 사유를,

> 오늘 현선조고 증 가선대부 이조참판 겸 동지경연의금부사 홍문관제학 동지춘추관성균관사 오위도총부부총관 행 통훈대부 성주목사 겸 성주진병마첨절제사 부군께서 돌아가신 날이라, 현선조고 증 가선대부 이조참판 겸 동지경연의금부사 홍문관제학 동지춘추관성균관사 오위도총부부총관 행 통훈대부 성주목사 겸 성주진병마첨절제사 부군과 현선조비 증 정부인 영천이씨 신주께서는 정침 제청으로 나가시기를 감히 청하오니, 삼가 추모의 의식을 행하려고 합니다.

라고 아뢴다. 그런 다음 사당으로 들어가서 신주를 제청으로 옮겨 모시고 참신례와 강신례를 행한다. 참신례는 모셔온 신주에 처음 인사를 드리는 것으로 신주를 담은 주독主櫝을 열어서 두 번 절하고, 강신례는 분향과 강신으로 향을 사르고 술을 모사에 붓는 것이다. 강신례가 끝나면 초헌례, 아헌례, 종헌례로 이루어

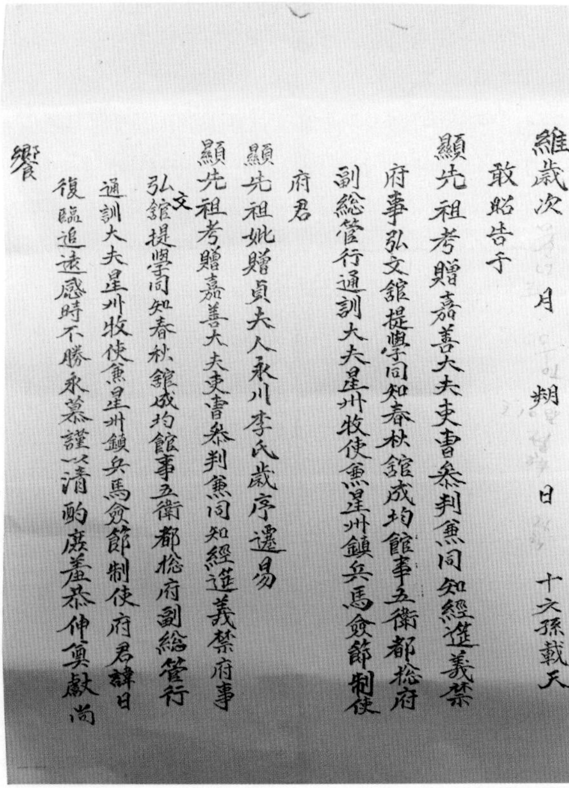

維歲次 月 朔 日 十六孫載天
敢昭告于
顯先祖考贈嘉善大夫吏曹参判兼同知經筵義禁
府事弘文館提學同知春秋館成均館事五衛都摠府
副摠管行通訓大夫星州牧使兼星州鎭兵馬僉節制使
府君
顯先祖妣贈貞夫人永川李氏歲序遷易
顯先祖考贈嘉善大夫吏曹参判兼同知經筵義禁府事
弘文館提學同知春秋館成均館事五衛都摠府副摠管行
通訓大夫星州牧使兼星州鎭兵馬僉節制使府君諱日
復臨追遠感時不勝永慕謹以清酌庶羞恭伸奠獻尚
饗

축문

진 헌작례獻爵禮를 한다. 초헌관은 이 제사의 주관자인 금계종손이 맡는다. 초헌관이 첫 술잔을 올리면 집사는 밥그릇의 뚜껑을 열고, 축관은 초헌관 좌측에서 동쪽을 향하여 꿇어앉아 축문을 읽는다.

유세차 무술년 3월 초하루 무인 11일 무자에 16대손 재천은 감히 증 가선대부 이조참판 겸 동지경연의금부사 홍문관제학 동지춘추관성균관사 오위도총부부총관 행 통훈대부 성주목사 겸 성주진병마첨절제사 부군과 현선조비 증 정부인 영천이씨 신주께 밝게 고하나이다. 세월의 차례가 바뀌어서 증 가선대부 이조참판 겸 동지경연의금부사 홍문관제학 동지춘추관성균관사 오위도총부부총관 행 통훈대부 성주목사 겸 성주진병마첨절제사 부군의 기일이 다시 돌아옴에, 멀어진 옛날을 추억하고 계절의 변화에 느낌이 일어나 영원히 추모하는 마음 견디지 못하여, 삼가 맑은 술과 여러 가지 제수를 차려 삼가 잔을 올리오니, 흠향하시옵소서.

금계종가에서는 아헌은 종부가 맡지 않고 참사한 제관 중 집안 어른이 맡아 왔으며, 종헌은 참사한 귀한 분이나 사위 등 타성인 사람에서 맡겨 왔다고 한다. 헌작례에 이어 유식례와 사신례를 행하고, 신주를 받들어 사당에 다시 모신 다음, 철상을 하고 축문을 태우고는 음복을 한다.

금계 불천위 제사 내내 눈길을 끈 것은 제상 뒤에 쳐놓은 병풍이었다. 병풍은 제갈량諸葛亮(181-234)의 「출사표出師表」 전문을 기록한 대병大屛이었다. 한나라 왕실을 부흥하라는 선제先帝 유비劉備(161-223)의 유명遺命을 받들어 출정 길에 오를 때 「출사표」를 올리던 제갈량의 그 충정과 피폐한 단양고을을 살리기 위해 「단양진폐소」를 올리던 금계의 충정이 다름이 없었을 것이다.

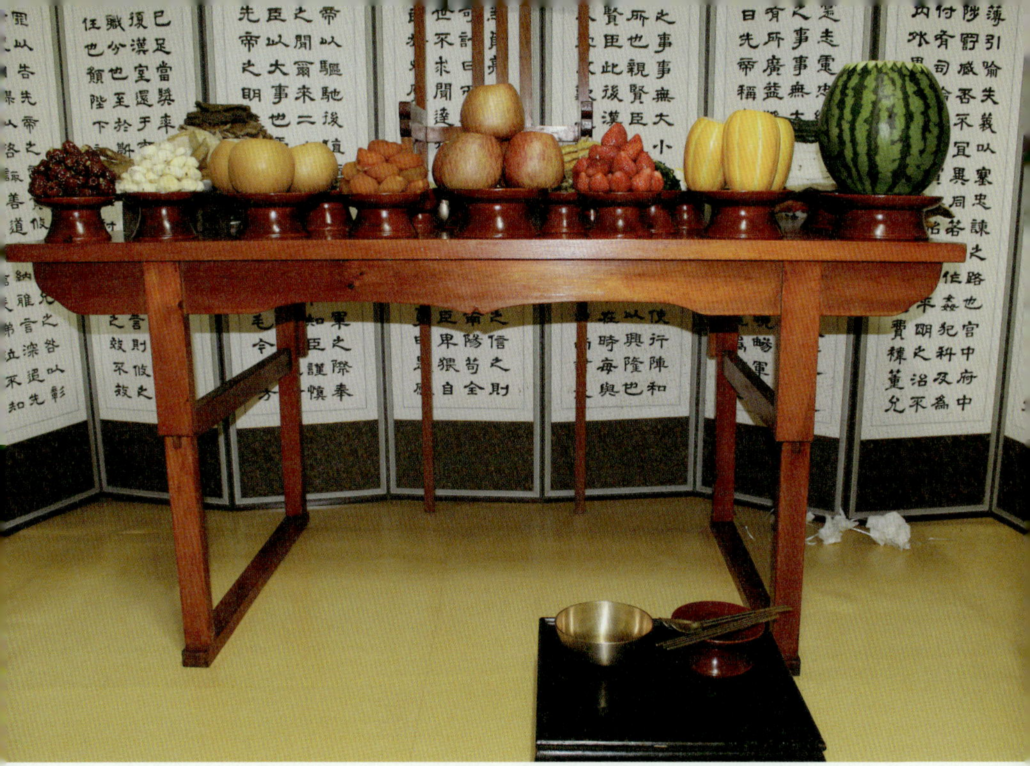

진설

신은 본래 포의로 남양에서 몸소 밭을 갈며 난세에 구차하게 목숨을 보전하면서 제후에게 나아가 명성이나 벼슬을 구하지 않았습니다. 그러나 선제께서는 신을 비천하다고 생각하지 않으시고, 송구스럽게도 직접 왕림하여 신의 초려에 세 번이나 찾아와서 당세의 일을 저에게 물으시니, 이 때문에 감격해서 선제를 위해 헌신할 것을 약속했습니다. 그 뒤 나라가 기울어져 전복되는 위기를 만나 패전한 때에 명을 받고, 위급한 때에 명을 받은 지가 21년이 되었습니다. 선제께서 신이 신중한 사람임을 아시기에 임종하실 때 신에게 큰일을 맡긴 것입니다. 명을 받은 이후로 밤낮으로 근심하면서 부탁하신 일을 이루지 못해 선제의 밝은 덕을 손상시킬까 두려워하였습니다. … 신이 바라는 것은 노둔하나마 제 힘을 다해 간흉을 물리치고 한

나라 왕실을 부흥하여 옛 도읍지로 돌아가는 것입니다. 이것이 신이 선제의 은혜에 보답하고 폐하에게 충성을 다하는 것입니다. … 바라옵건대, 폐하께서는 신에게 적을 토벌하여 한나라 왕실을 부흥시키는 일을 맡겨 주시고, 만약 그 일을 이루지 못하면 신의 죄를 다스려 선제의 영전에 고하십시오. … 신은 선제께 받은 은혜에 감격하는 마음 누를 길 없어 이제 멀리 떠나감에 표를 지어 올리자니, 눈물이 쏟아져 무어라 말씀드려야 할지 모르겠습니다.

제6장

종손의 삶과 생각

금계 16대 봉사손인 현 종손 황재천黃載天은 1957년생이다. 태어날 당시 종가로 사용하고 있던 금양정사에서 부친 금계 15대 봉사손 황봉섭黃鳳燮(1929-1983)과 모친 선성김씨宣城金氏 김옥남金玉男(1935-) 사이에서 3남 2녀 중의 장남으로 출생하였다.

종손 황재천은 영남 종가의 종손으로서는 비교적 젊은 세대에 속한다. 나이를 두고 젊다고 한 것이 아니라, 아버지 세대인 바로 앞 세대 종손들과 비교해 볼 때, 삶의 조건이나 그에 따른 생각에서 많은 차이를 보이기 때문에 새로운 세대라는 의미로 편의상 그렇게 칭해 본 것이다. 그 아버지 세대인 앞 세대 종손들이 종손의 사회적 지위가 현저하게 하락한 시대를 살았던 것은 사실이다. 하지만 그 시대에는 여전히 종손과 종가의 존립 기반인 문중과 문중의 지손들이 살고 있는 농촌의 동족부락이 존재하였다. 따라서 그 기반 위에 종손으로서 종가를 지키며 자신의 책임과 역할을 해 나갈 수 있었다. 반면에 종손 황재천 세대의 종손들은 종손과 종가의 존립 기반인 농촌의 동족부락이 거의 해체된 시대에 선대의 뒤를 이어 고향으로 돌아와 종손으로서 종가를 지키고 있다. 도회지에서 멀리 떨어진 외진 곳에 위치한 독가촌獨家村이라고 이를 법한 종가를 오로지 혼자의 힘으로 지키며 종손으로서의 책무를 다하고 있다. 그에 따른 고민도 많고, 또 고민이 많은 만큼 새로운 모색과 시도가 활발하게 이루어지고 있다.

종손 황재천은 그러한 변화된 시대에 적응해서 새로운 종가문화를 만들어 가기 위해 고민하고 실천하는 종손이라고 할 수 있다. 여기서는 종손의 생각을 그의 육성을 통해 들어 보기로 하겠다. 다음은 2017년 10월 21일 토요일, 경북대학교 영남문화연구원 종가팀이 금계종가에서 종손과 나눈 대담 내용을 부모에 대한 기억, 성장과 결혼, 자녀와 자녀교육, 종손과 종손의 활동, 종가와 종가의 미래에 대한 생각 등으로 간추려 정리한 것이다.

금계종가 종손 황재천(1957-)은 출생 후 얼마 동안은 고향에서 성장하였지만, 그 이후로는 학교와 직장 때문에 줄곧 서울에서 거주하다가, 4년 전인 2014년 5월 모친의 시병 때문에 고향 풍기로 내려온 뒤로 종가를 지키며 지내고 있다. 어머니 김옥남(1935-) 여사의 거동이 불편하기 때문이다. 어머니 김옥남 여사는 선성김씨로 퇴계의 제자 백암 김륵(1540-1616)의 후손이다. 열아홉에 시집와 가난한 종가 살림을 일구느라 고생이 많으셨다고 한다.

어머니 생각하면, 편찮으셔서 지금 누워 계시는데, 고생만 하셨지요. 주무시는 걸 못 봤어요, 어렸을 때. 어디서 주무시는 걸 봤느냐 하면, 방에서 자는 걸 한 번도 못 보고, 부엌에서 불 때면서 조는 거. 나머지는 일했다는 거죠. 종부라고 특별대우를 받고 앉아서 하인을 시키고 그런 게 아니죠. (자료 제공: 영남문화연구원)

아버지 황봉섭(1929-1983)은 온유하신 분이셨다. 아버지는 조선시대 지역의 마지막 급제자로 명망이 높았던 황헌 선생의 가르침을 받기도 하였다. 종손의 어린 시절 기억 속에 아버지는 3남 2녀를 키우시면서 매를 든 적이 한 번도 없으셨다. '금계 선생 후손으로 부끄럽지 않게 살라'고 하셨던 아버지는 어려운 종가살림을 꾸리며 봉제사 접빈객의 예를 다하셨다. 들에서 일하시다가도 부고나 행사 통지를 받으면 도랑물에 씻고 도포만 챙겨 며칠씩 있다가 오시는 경우가 많았다고 회상한다. 하지만 종손에게 특별한 교육을 하지는 않으셨다. 종손으로서의 삶이 힘드셔서 그러셨는지, 스스로 깨닫기를 바라셨는지, 아니면 다른 생각이 있으셨는지 지금도 모르겠다며 종손은 웃음 짓는다.

종손은 중학교 졸업 후 객지 생활을 했지만 불천위 제사는 꼭 참석했다고 한다. 차종손의 의무라는 걸 알아서였다기보다 참석해야 한다는 의무감이 있었다고 한다. 일찍부터 선조를 모시는 제례의 중요성을 깨달았기 때문인지 종손은 불천위 선조에 대한 향념向念이 매우 깊었다. 종손에게 선조의 어떤 점을 강조하고 싶은지를 물어보았다. 종손의 대답 속에서 금계 황준량 선생의 면모를 짐작할 수 있었다. 청백리 행정가로서 금계는 가난한 백성의 삶을 보살피며, 「단양진폐소」를 올려 백성의 더 나은 삶을 위한 현실적인 토대를 마련해 주었다. 또한 지방관으로 가는 곳마다 학교를 세워 '도道'를 추구하는 교육의 중요성을 일깨워 주었다. 종손은 이러한 선조의 행적에서 세상을 변화시키고 싶어 한 열망을 느낄 수 있었다고 한다.

「단양진폐소」로 단양에 부과되던 모든 조세와 부역을 면제받았어요. 이런 면제는 그 전에도 없었고 그 뒤에도 없었던 놀라운 결정이었습니다. 요즘으로 말하면 한 지방자치단체에 부과되는 모든 조세와 부역을 10년 동안 면제라면 엄청난 포퓰리즘으로 시끄럽겠지요. 조세라는 게 요즘은 돈으로 다 되지만 옛날에는 쌀도 있고 사람도 있고 가축도 있고 음식도 있고 여러 방식이 있었지요. 그걸 10년 동안 면제한다는 건 엄청난 일이지요. 어느 한 고을을 그렇게 해 주면 다른 고을도 '우리도 힘들어요. 우리도 힘들어요.' 할 거니 정부로서는 결정하기 힘들잖아요. 정부에서 결정을 할 때에도 왕만 설득해서 될 일도 아니지요. 그런 상소가 임금한테 먹히고, 임금한테만 먹히면 안 되잖아요. 그 당시 정부의 책임을 진 사람들도 설득할 수 있어야 합니다. 상소를 올리면 다 먹히는 게 아니라 상소 글의 설득력이 있어야 되지요. 그리고 근거 없이 하면은 먹히겠어요? 또 다른 지역도 모방 상소를 해서 '우리도 우리도 해 줘요'라 할 거잖아요. 다른 곳은 몰라도 단양에서는 꼭 해 줘야 함을 보여야지요. 단양 지역이 이렇게 된 거는 국가의 책임이다. 단양의 피폐 원인이 무엇이고 단양이 못 사는 현황, 어떻게 하면 되는지를 보여 주어야지요. 해결책을 세 가지로 제안했어요. 상책, 중책, 하책. 세 가지 중 하나를 택하도록 했어요. 어느 걸 택하든 단양 지역의 백성들이 살 수 있게 되는 결과를 낳게끔 상소의 글을 썼어요. 그걸 보면 글로 설득하는 게 상당히 뛰어나지 않았나 생각해요. … 이때 만든 학교들이 모두 사립학교입니다. 왜 사립학교를 부임지마다 만들려고 했을까 생각해 보곤 합니다. 금계 할배는 세상을 바꾸고 싶었다는 그런 느낌이 들어요. 공립학교의 교육으로는 세상을 바꾸기 힘드니 사립학교인 서원이나 정사를 세우려고 했다는 거지요. '도道'를 추구하는 사립학교를 세우려고 했습니다. 퇴계와 금계가 주고받은 편지를 볼 때, '도道'는 백성을 위한다는 것이었습니다. (자료 제공: 영남문화연구원)

종손은 선조의 문집을 읽으며 '이분이 왜 이렇게 생각했는지,

왜 이런 행적을 보였는지, 왜 이런 걸 했을까'에 대해 생각한다고 하였다. 특히 선조가 남기신 잠언 중 '세상에 적용하여 도를 밝히는 데에 효과가 있어야 하며, 늘 되돌아보고 이치를 끝까지 탐구하는 실천이 있어야 한다[措世而明道之效 反身而窮理之實].'는 가르침을 강조한다. '조세이명도지효措世而明道之效 반신이궁리지실反身而窮理之實'은 금계 선생이 20대에 주세붕 선생에게 쓴 편지에 나오는 말이라고 한다. 종손은 '반성하고 이치를 끝까지 탐구해서 실익이 있도록 실천해야 한다.'는 것은 현재의 교육현장에서 학생들이 꿈을 찾고 그것을 펼치는 과정에도 매우 적합한 가르침이라고 보았다.

이러한 금계 선생의 가르침은 교육자로서 종손의 신념과도 통한다. 그는 일률적으로 똑같은 사람을 찍어내듯이 하는 지금의 학교 교육은 바람직하지 않다고 본다. 학생들이 자신의 꿈을 일찍 찾고 크게 펼칠 수 있도록 도와주어야 한다고 강조한다. "꿈을 천 명한테 도움이 되는 쪽으로 펴면 백 명한테 하는 것보다 훨씬 낫고, 만 명한테 펼 수 있으면 더 꿈을 크게 키우는 거고, 전 세계를 대상으로 하면 더 크게 키우는 거다."라고 하며, 그런 것을 키워 주기 위해 옛 어른들의 생각에서 방법을 끌어내는 게 종손들이 해야 할 일이라고 여기고 있다. 그들이 모시는 선조 역시 사회의 나아갈 바에 기여해 불천위로 추앙된 분들이기 때문이다. 그래서일까? 종손은 학생들을 만나 강의할 때 가장 보람을 느낀다고 한다.

종손 황재천

종손은 안동 와룡이 고향인 영양남씨 남위숙(1959–)과 혼인해 1남 1녀를 두고 있다. 자신처럼 아들도 조상의 행적에 깃든 깊은 뜻을 되새기기를 바란다. 그래서 시간이 나는 대로 아들을 위해 조상의 행적과 잠언을 모아 여러 자료를 만들고 있다. 하지만 아들이 꼭 종가를 이어가야 한다고 생각하지는 않는다. 아들의 선택이라는 입장이다.

저는 아들이 결국은 사회 나가서 다른 사람한테 폐 끼치지 않고 다른 사람한테 이익을 줄 수 있는 쪽으로 나아갔으면 합니다. 남을 위해 봉사 활동을 하라는 게 아니라 자기 꿈을 크게 펴라는 겁니다. 자신의 꿈을 크게 펼수록 세상 사람들에게 도움이 되면 된다고 봐요. 선비정신이 바로 그런 거라고 봅니다. 제 아들이 종가를 이어야 된다든지 말아야 된다든지 그런 생각은 하지 않아요. (자료 제공: 영남문화연구원)

종가의 가장 큰 임무인 '봉제사 접빈객'에 대해서도 종손은 그 용어 자체를 바꾸었으면 좋겠다고 제안한다. 봉제사는 '조상 뜻 이어받아서 실천하기'로, 접빈객은 '사람들 만나서 이야기 들어주고, 그에 맞는 이야기를 자기 조상이 했던 말 중에서 찾아서 해주기'로 바꾸면 '봉제사 접빈객'의 본질을 살린 용어가 될 것이라고 하였다. 또한 접빈객을 하려면 종가 자체가 하나의 학교가 되어 사람들이 와서 생각할 수 있고, 이야기를 나눌 수 있는 장소가 되어야 한다고 하였다. 제례 방법도 제사 지내는 것을 인터넷으로 보여 주면서 후손이든 존경심으로 추종하는 사람이든 같이 추모하며, 그 행적을 1년에 한 번씩 공부하는 자리로 만들면 좋겠다는 생각이다. 제례 시간의 경우 현재를 살아가는 사람들의 삶의 시계에 맞추어 효율성이 검증된다면 바꿀 의향이 있다고 하였다.

그렇다면 종가가 앞으로 어떻게 유지되고 보존되기를 바라는지 종손의 생각을 들어보았다.

종가는 종손의 것이 아니죠. 집안사람들의 것이어야 되는데, 종가는 개인 사유물이 아니라 공유의 공간이 되어야 된다고 봐요. 지금 현재도 보면 우리집이 철문으로 되어 있는데, 문이 없는 쪽으로 가야 되지 않을까. 원래 불천위가 되었던 것은 사회에서 추앙을 해서 된 건데 후손들뿐만 아니라 지역민들하고도 같이하는 그런 게 되어야 되지 않을까. 더구나 요즘은 정보통신 발달이 되었으니까 멀리 있는 사람들한테는 카톡을 통하든 밴드를 하든 페이스북 라이브 중계를 하든, 뭔가 그런 쪽으로 해야 되지 않을까. 제가 생각은 이렇게 하면서 남들보다 늘 늦어요. 퇴계종가나 농암종가 이런 데서 인터넷으로 종가를 알리는 개방 카페 할 때 우리는 기껏해야 폐쇄 카페만 했었거든요. 그분들한테 배우는 게 많아요. (자료 제공: 영남문화연구원)

종손은 종가는 개인의 사유물이 아니라 공유의 공간이 되어야 한다고 보았다. 지역민들뿐만 아니라 더욱 많은 사람들과 교감할 수 있어야 한다는 생각이다. 금선정을 개방해 사람들이 자유롭게 이용할 수 있게 한 것도 그런 생각의 실천이다. 종손은 더 나아가 금선정과 그 주변을 힐링의 공간으로 조성하고 싶어 한다. 옛날 길을 복원해 금선정에서부터 풍기읍내까지 금계천을 따라 산책길을 만들고 싶다고 했다. 그리고 옛날 어른들이 이 길을 다니면서 무슨 일을 했는지 실제 있었던 이야기를 들려주고 싶다고 한다. 앞으로 금선정 주변을 복원해서 생각의 공간으로 만들고, 지역에 있는 옛 건물들을 교육의 장소로 활용하고 싶다는 포부를 밝힌다.

저는 여기를 와서 사람들이 힐링을 할 수 있도록, 5백 년 나이의 소나무 아래로 이렇게 산책코스를 만들고 싶어요. 금선정에서부터 풍기읍내까지 금계천을 따라 산책길을 만들고 싶어요. 산책길을 만들고자 하는 그 길은 원래 있던 길입니다. 예전의 길이 있었어요. 예전 길은 대체로 하천 옆으로 있었지요. 옛날 길을 복원해서 산책길로 하고, 옛날 어른들이 이 길을 다니면서 무슨 일을 했는지를 알려주고 싶어요. 스토리텔링이 자칫 과장이나 허구도 있는데 그런 과장이나 허구가 아니라 실제 있었던 이야기들을 해 주고 싶어요. 그리고 금선정 주변도 옛날처럼 복원하려 합니다. 사람들이 와서 유흥을 즐기는 데서 끝나기보다 생각하고 생각하는 그런 생각의 공간으로 만들고 싶어요. 그리고 전국에서 옛 건물들 문화재 이런 것들을 복원만 하고 지키는 사람들이 없죠. 이 지역도 마찬가지로 그런 옛 건물들이 있어요. 이 건물들은 활용을 안 하면 빨리 망가져요. 빨리 망가지면 또 국민들의 혈세가 들어가지요. 이런 걸 교육의 장소로 활용을 하고 싶어요. 저는 종가 차원만이 아니라 사회적 기업으로 하든지 명칭을 어떻게 정하든 협회와 같은 단체로 하든지 여러 사람들하고 같이 힘을 모아서 하고 싶어요. 지금 여러 사람들과 같이 이야기하고 있어요. (자료 제공: 영남문화연구원)

이처럼 조상의 행적이나 생각인 무형의 자산뿐만 아니라 유형의 자산이 어떻게 세상에 도움이 될 수 있을지를 종손은 늘 생각한다. 현재 그는 대기업과 중소기업 근무 경험을 살려 여러 대학에서 리더십, 비전 등의 강의를 하고 있으며, 사회적 기업을 비롯한 중소기업이 생존·발전하는 데 도움이 되도록 컨설팅을 하는 한편, 초중고생을 대상으로 인재 양성, 진로 탐구 등과 관련된 강의를 하고 있다. 자신의 교육철학을 실천하며 열심히 살아가고 있는 종손은 사람들과 어울리며 멋있게 살기를 오늘도 소망하고 있다.

참고문헌

김택영, 『소호당집』

이현보, 『농암집』

이 황, 『퇴계집』

황준량, 『금계집』

『평해황씨검교공파세보』

김종석, 「금계 황준량의 사상과 퇴계학 계승 양상」, 『퇴계학보』 136, 퇴계학연구원, 2014.

금계황준량선생탄신오백주년기념사업회, 『금계 황준량의 생애와 사상』, 도서출판 대보사, 2017.

소수박물관, 『영주의 평해황씨 사람들』, 도서출판 서림사, 2012.

정석태, 『퇴계선생연표월일조록』 1-4, 퇴계학연구원, 2001-2006.

정석태, 「서간 중심의 문집 출현과 퇴계집」, 『퇴계학논집』 17, 영남퇴계학연구원, 2015.

최지영 등, 「금선정의 명승적 가치에 관한 연구」, 『한국전통조경학회지』 30-1, 한국전통조경학회, 2012.

지은이

정 석 태 鄭錫胎

경상북도 예천에서 출생하였다. 고려대학교와 동 대학원에서 한국한문학으로 석사와 박사 학위를 받았다. 현재 부산대학교 점필재연구소 연구교수로 재직 중이다. 대학원에 진학한 이후로 줄곧 퇴계학을 공부하다가, 2010년부터는 주로 경상남도 지역의 유현과 유교문화에 관심을 가지고 공부하고 있다. 저서로는 『퇴계선생연표월일조록』, 『점필재 김종직과 그의 젊은 제자들』(공저), 『한국 고전번역학의 구성과 모색』(공저), 『도산서원을 통해 본 조선후기 사회사』(공저) 등이 있고, 역서로는 『안도에게 보낸다』, 『스무살의 채근담』, 『도봉선생문집』, 『암서집』(공역), 『소호당집』(공역) 등이 있으며, 논문으로는 「퇴계집의 편간 경위와 그 체재」, 「퇴계 이황 이야기의 서사화 양상」, 「서간 중심의 문집 출현과 퇴계집」, 「퇴계 이황의 한시작품 개고와 그 의미」, 「영남루문단의 형성과 전개양상」, 「밀양 여주이씨 일문의 누대정사 건축과 십이경」 등이 있다.

경북의 종가문화 47

소백산이
품어 안은,

영주 금계 황준량 종가

찍은 날 2018년 11월 5일
펴낸 날 2018년 11월 12일

기획 경상북도 · 경북대학교 영남문화연구원
지은이 정석태
펴낸이 김상동
펴낸 곳 경북대학교출판부
출판등록 1973년 10월 10일 ㉡97호
주소 대구광역시 북구 대학로 80
전화 053-950-6741~3
팩스 053-953-4692
이메일 press@knu.ac.kr
홈페이지 http://knupress.com

ISBN 978-89-7180-499-5 94900
978-89-7180-498-8 (세트)

정가는 뒤표지에 있습니다. 파본은 바꾸어 드립니다.